办学办氛围
育人育方向

上海市康城学校16年的
办学之道和教师成长之路

主　编：吴　波
副主编：奚爱玲
　　　　倪樱姿
　　　　石秀云

文汇出版社

目录
CONTENTS

绪　论 ··· 1

　　打造理想康城　让师生健康成长 ················· 吴　波　1

第一章　风采依旧,携手共进

　　资深教师在康城校园文化氛围中的再次成长 ············· 33

　　文化引领　深植于心　外化于行——我在康城学校校园文化熏陶下的

　　　　成长之旅 ································· 吴　波　35

　　感恩遇见 ································· 赵　敏　40

　　雁 ······································· 陆　敏　42

　　由诗谈再生 ····························· 顾明洁　45

　　守初心　育"全人" ······················· 蔡学英　48

　　浅谈青年教师在康城育人氛围中的公平、健康成长 ·········· 顾建军　50

　　做一个永远的读者 ························· 倪樱姿　53

　　教育面前,身份的更迭 ····················· 林跃华　56

　　与青年教师聊聊专业发展"那些事" ············· 邵菊芳　58

　　康城有我——从初出茅庐到教育多面手 ········· 张　清　61

　　三提升　三改变——我在康城这块"沃土"中的改变与成长 ··· 石秀云　64

　　我与康城共成长 ························· 孙春元　67

　　勤奋是收获的源泉——我在康城文化氛围浸润下的发展和感悟

　　　　······································· 周　燕　69

回眸往昔　感恩过往 ·············· 顾　洁　71

康城伴我行 ·················· 王智谋　73

一路历练，一路成长 ·············· 曹燕萍　75

第二章　环境育人，基地筑梦

　　青年教师在研修氛围中的温暖成长 ··········· 79

三轨并行，助力成长——见习教师培训基地一名班主任带教导师的

　　经验浅谈 ··················· 曹　磊　81

一位导师的自省——见习教师规范化培训促进教师专业成长的案例

　　研究 ····················· 周燕萍　83

"一徒多师制"的磨课——只为更好地成长和蜕变 ····· 曹燕君　86

值得怀念的"星期二" ·············· 陈雨晴　88

我与康城的缘分 ················ 马玮琦　90

导师教会我的二三事 ·············· 陈　怡　92

在收获与成长中不断前行 ············ 张琴琴　95

康城底气——从关注生存到关注学生 ········ 黄梦超　97

用爱筑梦，携手摘星——班主任导师带教案例分享 ···· 孙境远　99

情系三尺讲台　甘洒青春热血 ·········· 陆春慧　103

做教育的追光者 ················ 张　俊　106

环境育人，不断前行 ·············· 陆　清　108

我的挑战与突破 ················ 陶丽娜　110

融入校园生活　展现个人魅力——我在人际关系中的转变与成长

　　······················· 吴丹凤　112

成长与反哺 ·················· 曹君丽　115

第三章　向阳而生，奋发向上

　　青年教师在培养培训氛围中的率先成长 ········· 117

培训培养机制助我勇攀高峰——记录我专业成长之路的这十年

　　······················· 傅丽莉　119

培养机制促进师生共同成长 ··········· 俞智闻　122

康城培养机制下的成长之路 ……………………………… 陆华良 124

借力·蓄力·发力　逐梦·奋进·续航 …………………… 乔　华 126

我的科研成长之路 ………………………………………… 徐　佳 129

在历练中成长——10年成为"新"教师 ………………… 徐梦雨 132

向阳而生,超越期待——沐浴在康城阳光机制下的青年一代 … 李　敏 134

康城教育理念下的成长之路 ……………………………… 秦　艳 137

我成长的脚印 ……………………………………………… 范琳琳 140

不忘初心,砥砺前行 ……………………………………… 陈彩虹 142

我在康城的点滴 …………………………………………… 顾梦婷 144

少先队辅导员的成长和快乐 ……………………………… 许果婷 146

三大机制,助力成长 ……………………………………… 吕行瀛 149

教学创新,研究提升——我在"教、研、修"中的进步与实践 … 史梦娜 151

我在康城的成长之路 ……………………………………… 王家唯 153

斜杠教师的成长之路——从青年教师到助力青年教师 ……… 赵　琴 155

我的背后有高人 …………………………………………… 陈　辰 158

走康城路　圆康城梦 ……………………………………… 谈　佳 161

"引领、凝聚、激励、培养"之下的成长之路 …………… 吴双双 163

心有目标　行有方向 ……………………………………… 朱亿瑾 166

教师之路的传承与花开 …………………………………… 苏　舒 168

圆"梦" ……………………………………………………… 许　枫 171

我在康城育人理念下的实践与成长 ……………………… 张　羽 173

从"绿角色"到"金牌指导" ……………………………… 鲁　瑾 176

第四章　成长蜕变,未来可期

青年教师在现代学校治理氛围中的自觉成长 ……………………… 179

初绽·成长·可期——记我在康城治理体系下的蜕变之路 …… 康佳丽 181

"SS课堂育人模式"下的教育探索与自我成长 …………… 陈懿莉 184

编织教育的彩虹——我的榜样教师对我的影响和启示 ……… 刘舒恒 187

从学生到教师——拥抱最初的青春,遇见更好的自己 ……… 付　凌 190

点燃激情,引领成长——我和我的教育榜样 …………… 王雨婷 193

筑起教育之路——榜样如光，照亮前路 ·················· 陆未艺　195

在康城文化氛围下的蜕变与成长——身边的榜样教育者鼓舞我前行

························· 潘　雯　197

我对康城校园文化的认同与融入 ·················· 潘　登　200

一载路渐渐　康城情悠悠 ·················· 陈　磊　202

我在康城校园文化精神中的成长 ·················· 卢禹彤　205

从"早上好"到"老师好" ·················· 余卓成　208

发现问题　解决问题　自我修正——我在"教、研、修"中的成长之路

························· 赵欣玥　211

在康城独特的教育模式下成长 ·················· 范智伟　214

我在康城的专业成长 ·················· 顾佳豪　217

榜样的力量——塑造我独特的教育风格 ·················· 苏　玲　219

我在"SS课堂育人模式"下的实践与改变 ·················· 赵纯淳　222

育人先育己 ·················· 龚雯琪　225

上下求索，共同成长 ·················· 唐思越　227

先育己后育人——我的榜样教师点亮教育之路 ·················· 赵丽迪　229

绪　论
打造理想康城　让师生健康成长

吴　波

上海市康城学校创办于 2008 年 8 月,是一所由原康桥二小和横沔中学合并迁建的九年一贯制学校。"康城"这个校名,我们可以解读为"健康之城",它是一个诗意、健康、和谐、共赢共进的学习型小社会。也许有人会问,为什么把学校称之为社会? 其实前辈教育家早有这样的说法。20 世纪美国著名教育家 J. 杜威就提出过"学校即社会"的教育基本原则;中国著名教育家陶行知先生也提出了"生活即教育"这一理念,强调了教育与生活的紧密联系。教师在学校里,不仅是向学生教授知识,更是要教会他们适应、立足未来社会的能力。学生在学校里学习的不仅是知识,更应是掌握适应社会的能力,其中的关键是品德和身体。所以,建校之初,我们将学校的办学目标设定为:打造理想康城,让师生健康成长。即"打造(一座)理想康城,让(每个)师生(全面和个性化)健'康成'长",从而营造"诗意、健康、和谐、共赢共进的学习型小社会",使康城每个师生拥有"健康的人格、健康的体魄、健康的心理、健康的阅读、健康的人生"意识和新生活方式。

16 年来,上海市康城学校一直秉持:"抬头看路,埋头拉车","办学办氛围,育人育方向"。执着坚信:一方水土养一方人,熏陶远胜于说教。始终坚持:育人先育德。从提出"打造理想康城,让师生健康成长"的办学目标,到"以'三大'(大德育、大体育、大语文)为核心的'两个有所'(让每个学生在原有学业和'三大'基础上有所进步和有所发展)",强调每个学生在"原有基础上"的"天天进步,天天发展"育人目标;从提出"三大"扩展到"五大"(大德育——铸魂——情商、大体育——育根——健商、大语文——夯基——智商、大科创——创思——灵商、大中国——可靠——德商);从以国家课程、地方课程为基础,到打造康城育人特色课程和文化;从提出"课堂班主任"到"打造以班主任为核心的班级全体科任教师并联的育人合力"；康城学校始终以打造良好的班风、学风、教风和校风为抓手，以培养"合格＋可靠、全面＋个性化、一代更比一代强的学生"为目标，全员全方位全过程为每个学生一生发展奠基。即使在全社会追求升学率的裹挟下，我们始终认为：学校教育的目的，并不在于全部以学习成绩论成败、论英雄，虽然在很多人心中，学习成绩很重要，可以直接影响一个学生的人生走向。作为一所学校，如果办学只是局限于成绩与升学率，不免有过于功利的嫌疑。为成绩而读书，为成绩而办学，包含了很多"器"的目的，"器"可以让人更有力量，这股力量能鼓动人心，可以超越自我，但是，也可以使人自我毁灭。而文化是为人而成，含有更多"道"的意义，"道"不一定让人更有力量，但可以让人更加明确人生方向，避免误入歧途。如果办学既能让学生读书升学，还能够超越读书升学，从而培养有文化的人，这样的学校才可能进入育文化人的境界，这才是最高的育人境界。所以，建校以来，我们在强调"器"的同时，更重视文化这个"道"。

康城特色的校园文化是康城16年办学最重要的特性。虽然它不是最优秀、最普适的，但它一定是适合这个时代发展、适合康城学校、适合全体康城人的校园文化，用六个字概括那就是：适时、适校、适人。所以康城学校办学的16年，就是不断适应调整、审时度势、创新实践"办学办氛围，育人育方向"的16年。

16年来，康城学校坚持营造一个大家不断认同、形成共识的氛围，就是时刻让教师明确职业发展的定位和个人发展的方向，能安心、舒心、静心地构建和谐共生的家校生，尤其是"凝心聚力、共赢共进"的同伴成长关系，一起"同舟共济"，推进学校发展，在成就学生、成就同事、成就学校的同时，成就自己！这里所说的"办氛围"，其实就是要塑造拥有康城特色的校园文化，希望大家在康城这方热土上，培养出具有康城烙印的康城人。"氛围"影响师生的幸福指数。学校的氛围是学生、教职员工和家长共同创造的，它包括了教育理念、价值观、行为规范等方面。一个积极向上、和谐有序的学校氛围能够激发教师和学生的正向发展及兴趣潜力的最大化，促进学校内部各方面的协调合作发展；而一个消极压抑的学校氛围则可能导致师生产生负面情绪，甚至影响到师生的工作学习和心理健康。

所谓"方向"是一个学校一切教育教学活动的指挥棒。教育的改革与发展是社会发展的需要。教育观、人才观、教学观的更新与发展最终落脚点在学校。学校管理者要始终注意继承与发展的关系，变与不变的关系，抓住不变的，以不变应万变，这个不变的就是学校的办学思路，就是办什么样的学校，育什么样的人。学校管理者在全面了解校情的前提下,制订可行的、持续的学校发展规划,即"愿景规划",并让教师理解、接受并投入到这个规划中,让学校的发展和培养好每一个学生成为每一位教师的共同愿景和追求。这就是"育方向",就是要用康城特色的校园文化引领育人方向,让每个师生拥有积极向上的精神、井井有条的秩序、健康文明的习惯、阳光豁达的品质,成为"合格+可靠、全面+个性、一代更比一代强"的社会主义建设者和接班人。

正是基于"办学办氛围,育人育方向"的办学理念与实践,上海市康城学校在短短的 16 年时间里,获得了很好的发展,办学与育人质量稳居同类学校前列。

近年来,核心素养培养、高质量教育体系建设、"双减""双新"落地,以及激发办学活力、实现教育强国等热门课题不断提出,全景式展现了新时代基础教育"高质量育人"背景下的战略布局与核心任务,也对中小学办学实践提出了很大挑战。如何回应"教育强国,学校何为? 校长何为? 教师何为?"的时代命题,确实全方位考验着每一位教育管理者的教育信念、领导智慧与管理素养。站在时代的高度认识办学的使命和责任,把握学校的办学核心、育人方向,真正通过"办学办氛围,育人育方向"来解决"教育的时代之问"——最根本的是要全面贯彻党的教育方针,解决好"培养什么人、怎样培养人、为谁培养人"这个根本问题。

一、办什么样的学校

美国媒体人布莱恩·M. 卡内和法国学者艾萨克·盖茨合著的《自由企业——释放员工,收获卓越》一书中提到:上百个规章制度其实管理的只是 3% 的员工,降低的却是 97% 的员工的工作投入度和创造性。所以,企业的管理思路应该从"如何激励员工"转变为"如何创造一种有利于员工自我激励的环境"。而对学校来说,管理的核心目的是为了激发教师和学生的原动力,"管"是为了"不管",认清目标和方向是关键。而学校的办学理念是指,学校在教育实践中坚持的核心价值观和指导原则,它能够帮助学校明确自身的办学目标和定位、指导教育实践、塑造学校文化、提升学校形象。所以,毫不夸张地说,一所学校的办学理念承载着这所学校昨天的历史、今天的现实和明天的理想。学校理念文化建设的过程既是学校理念不断丰富完善的过程,也是学校中每一个参与者深入学习与理解的过程,是人与人、人与物、人与文化碰撞相融的过程。这个理念传播的过程，从某种意义上说，就是学校办学总体规划的过程，教师只有经历这个过程，才能提炼出支撑生活走向美好的学校文化。康城在16年的办学实践中，逐渐形成了自己的办学理念、校风、校训等精神文化，并提炼出康城校园文化 DNA。

（一）《上海市康城学校教师文化 DNA》（2023版部分节选）

1. **办学目标**：打造理想康城，让师生健康成长。即："打造（一座）理想康城，让（每个）师生（全面和个性化）健'康成'长"，营造"诗意、健康、和谐、共赢共进的学习型小社会"，使康城每个师生拥有"健康的人格、健康的体魄、健康的心理、健康的阅读、健康的人生（生活）"意识和新生活方式。

2. **育人目标**：基于"合格＋可靠、全面＋个性、一代更比一代强"方向，通过九年义务教育，依据生源基础，力求让每个学生"在原有学习基础上有所进步，在其他各个方面尤其是'大德育、大体育、大语文、大科创、大中国'的'五有三质四能二创一心'（'五有'——有理想、有规范意识、有尊重感恩心、有荣辱观、有自主管理能力；'三质'——良好的形象气质、综合身体强健的体质和健康宽容的心理素质；'四能'——能写一手规范漂亮的钢笔字、能说一口流利标准的普通话、能操一副犀利稳健的好口才、能写一手通顺流畅的好文章；'二创'——文创、思创；'一心'——中国心）方面在原有的基础上有所发展"，为每个学生终身可持续发展全面夯基。

3. **校园文化（核心）**：每个师生树立自我进取、自我发展的人生观，学校（学生）至上、凝心聚力、共赢共进的价值观，成就学生、成就他人即成就自己的崇高职业信仰。

4. **校风**：天天进步，天天发展。这是基于学校育人目标的，也是基于"育人先育育人者"理念的，所以确定本校风的含义，是期待通过以"'四个一致'基础上的'三个合力''三种育人（五学科、班级'五大'、教育教学、家校生合力和衔接育人、层层育人、全员育人）'"为核心的"学校育人工作一体化体制"，全方位引领推进学校、教师、学生乃至家长能"天天进步，天天发展"。

5. **办学理念**：博采众长、勇于创新、厚积薄发，务实超越。（注：对于任何一个单位、个人，其发展路径均应该是：博采古今中外各家之长，基于自身实际不人云亦云、墨守成规，能勇于创新，且不断反思、积累、沉淀理论和实践的经验，创出自己的特色，最后在脚踏实地的实践、体验、感悟、熏陶中实现对"他人"或"他山"的超越！）

6. 校训：珍惜、珍爱、珍重，自主、自信、自强。（注：针对三类师资和生源现状提出。"三珍"侧重教师兼之学生：珍惜缘分、时间，珍爱岗位、生命，珍重学生、情谊。"三自"侧重于学生兼之教师：克服习惯差的自主管理，克服自卑心的自信，克服基础差的自强。）

7. 学校精神：心系学生的默默奉献精神，情系学校的通力协作精神，永不言弃的顽强拼搏精神，精益求精的教师专业精神。

（二）康城校园文化的打造

说到"文化"，很多人肯定觉得非常"玄乎"，因为它总给人一种看不见、摸不着的感觉。但从办学者的角度来看，文化肯定是一个学校的灵魂。一所没有文化的学校，是没有活力和凝聚力的，更是没有发展前途的。康城这几年之所以得到如此良好的发展，离不开老教师（包括"一代中师"①）的再生和引领，也离不开青年教师的率先一步成长成熟。而老教师之所以能再生、青年教师之所以能够率先一步成长成熟，与学校的文化氛围是密不可分的。因为康城一直用校园文化核心"引领人、激励人、凝聚人、培养人"，一直以人人拥有"主人翁精神和集体荣誉感"，"凝心聚力，共赢共进"，真正用文化的"精气神"来滋养师生的"身心灵"。16年来，学校领导充分利用各种场合和平台，"说愿景，说理想，说文化，说发展，说人生……"；每学年的第一次讲座上校长都站高引领，引领大家看上海、看中国、看世界，看过去、看现在、看未来，看教育、看教学、看如何做好教师，期待大家站在地平面上，最好是站在山上甚至太空里看世界，让大家不断在耳濡目染中得到启迪、顿悟、熏陶、觉醒和认同，在形成共识的基础上，自觉自愿形成职业生涯觉醒后的"行为自觉、专业自觉、文化自觉和人生自觉"！学校一直不断积累和营造积极的校园文化氛围，激发教师的原动力，使其拥有理想和情怀，鼓励教师之间的交流和合作，让他们感受到学校的凝聚力和向心力，自觉融入和谐氛围。同时，学校还组织各种文体、庆祝、表彰等活动，增强教师的归属感和荣誉感；与教师保持密切的联系和沟通，了解他们的想法和需求，及时解决他们的问题和困难；关注教师的心理健康和生活状况，及时为他们提供必要的帮助和支持。

---

① 这是对20世纪80年代至21世纪初，初中毕业后升入中等师范学校学习三年，毕业后回到中小学教学一线当教师的这一师范生群体的称呼。

1. 理念文化引领全体教师尤其是青年教师的职业方向

康城学校 16 年一直实践着，通过九年义务教育为每个学生一生发展全方位奠基。正如唐正权校长所说，要为每个孩子打下"钢筋混凝土的地基"，以后想造多高就造多高！康城尤其关注新引进青年教师，他们在教育教学方面几乎是一张白纸，没有经历，更没有经验。所以，很多时候，他们对教育到底需要"育什么样的人"并不清楚，只知道"教知识"，最多学生出问题了找来教育一下，或者直接推给班主任，甚至直接打电话"向家长告状"。而康城通过九年义务教育"让每个学生在'合格＋可靠、全面＋个性、一代更比一代强'基础上的以'五大'为核心的'两个有所'"育人目标，与刚从中高考中走过来的青年教师观念有明显不同，与他们所认为的学校只会片面追求升学率，教师只要会"育分"更是不同。更为不同的是，"让所有学生尤其是顶部学生不断向上拓展，让所有学生尤其是底部学生底部不断抬高"，要求教师尊重学生的个性差异，不放弃、不抛弃任何一个学生，要教师学会"因材施教"（基于每个学生原有基础），做每个学生人生发展的导师和引领者。

根据校训"珍惜、珍爱、珍重，自主、自信、自强"所衍生的"三珍三自"课堂育人模式（即"SS 课堂育人模式"），是康城学校在新时代提出的教学育人方式变革，也是康城育人的特色标杆。它是基于师生的实际情况，给全体教师尤其是青年教师提供教学育人专业性的指导方向和途径。这是学校希望通过全体教师参与该育人模式的探索和实践，让师生"减负增效"，从而实现师生双方的共同成长（教师专业能力和学生学习能力的双提升）。这是一个集"人性化"和"科学化"于一体的育人模式。这些理念无疑像一盏明灯，给康城全体教师尤其是刚入职的青年教师教育教学及如何育人方面指明了途径和方向。

2. 隐性文化提升全体教师尤其是青年教师的职业信仰

现在的青年教师，基本上都是家里的"独一代"。虽然专业能力过硬，但过于安逸的生活环境致使他们与中老年教师相比，很多时候是缺乏教育信仰的。而康城则是一个青年教师超过半数的学校，如何引领他们的职业信仰显得特别重要。为此，唐校长，总是担当着每学年新进教师的第一次培训，一开始便提出严格要求：从象牙塔或者其他单位过来，一切归零，从头开始；更通过解读《上海市康城学校教师文化DNA》，从一开始为每个青年教师明确职业发展方向。康城总是在努力营造"生活上知足，事业上永不知足；知足者常乐，不知足者才能催人奋进"，以及"替别人着想，为自己而活"的工作氛围。同时要求每个师生树立自我进取自我发展的人生观，学生学校至上、凝心聚力、共赢共进的价值观，成就学生、成就他人、成就学校即成就自己的崇高职业信仰。就是在这样的隐形的校园文化的浸润下，康城全体教师尤其是青年教师都逐渐拥有了"心系学生的默默奉献精神，情系学校的通力协作精神，永不言弃的顽强拼搏精神，精益求精的专业精神"的职业理想和情怀。

3. 制度文化托举全体教师尤其是青年教师的教育理想

对于全体教师尤其是青年教师的培养，每个学校都毫无例外抓得很紧。但对于康城，为了培养全体教师尤其是青年教师，专门出台并形成了制度化、机制化操作。制度的价值不仅在于管人，更在于育人。而"制度"在康城的体现就是"机制"。

（1）公平成长机制。无论绩效、评优等，看资历，更看能力。绩效工资的发放原则是"教与不教不一样，教多教少不一样，教好教坏不一样"；每年教师节，学校都会遴选表彰一批优秀教师，予以一定的物质和精神奖励，设置的奖项包括"康城之星""课堂之星""德育之星""科研之星""辅导之星"等。这样的表彰是康城盛典式的活动，被赋予了一定的"康城"特色，更是在全体教师尤其是许多青年教师中形成了良性的你追我赶的氛围。

（2）培训培养机制。主要包括对职业感悟与师德修养、课堂经历与教学实践、班级工作与育验、教学研究与专业发展四个模块。而"1＋3"微工作室则是培养培训的另一种形式。全体成员做好"三个一"的具体工作，即一节公开课、一篇论文、每月一次的研讨活动，进一步开拓导师及各工作室学员之间"教学相长"的双赢渠道。更有"散养与圈养、一师多徒与一徒多师"等培训培养机制，既带动了青年教师"率先一步成长成熟"，又促进了中老年教师的"再生"。

（3）选拔提升机制

康城学校每年举行"走进优秀——我眼中的优秀教师"系列活动。16年来，连续从优秀青年教师中遴选了八批后备干部，给予年级组长、学科组长等各部门、各条线挂职历练的机会和行政岗位选拔机会。学校通过制定优秀教师和后备干部的标准，既为青年教师打开专业发展之外的一片空间，也是对青年教师职业发展的一种再引领，开辟了一个康城"聚焦优秀"的导向，营造了一种康城"争当优秀聚焦优秀"的氛围。

正是因为这些文化的引领，康城的很多青年教师在职业发展的关键期，个人的潜能被激发，教育的理想被点燃，在专业的道路上越走越宽。让全体教师明确了"办学办氛围，育人育方向"的导向，更进一步形成了全体教师的"行为自觉、专业自觉和文化自觉"！

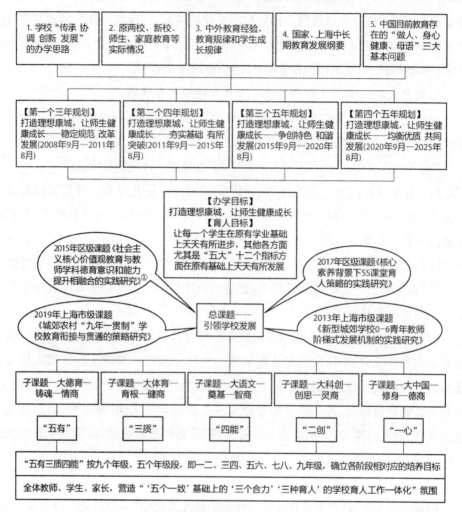

定位: 办学办氛围　育人育方向

1. 学校"传承 协调 创新 发展"的办学思路	2. 原两校、新校、师生、家庭教育等实际情况	3. 中外教育经验，教育规律和学生成长规律	4. 国家、上海中长期教育发展纲要	5. 中国目前教育存在的"做人、身心健康、母语"三大基本问题

【第一个三年规划】打造理想康城，让师生健康成长——稳定规范 改革发展(2008年9月—2011年8月)	【第二个四年规划】打造理想康城，让师生健康成长——夯实基础 有所突破(2011年9月—2015年8月)	【第三个五年规划】打造理想康城，让师生健康成长——争创特色 和谐发展(2015年9月—2020年8月)	【第四个五年规划】打造理想康城，让师生健康成长——均衡优质 共同发展(2020年9月—2025年8月)

【办学目标】
打造理想康城，让师生健康成长
【育人目标】
让每一个学生在原有学业基础上天天有所进步，其他各方面尤其是"五大"十二个指标方面在原有基础上天天有所发展

2015年区级课题《社会主义核心价值观教育与教师学科德育意识和能力提升相融合的实践研究》①

2017年区级课题《核心素养背景下SS课堂育人策略的实践研究》

2019年上海市级课题《城郊农村"九年一贯制"学校教育衔接与贯通的策略研究》

总课题——引领学校发展

2013年上海市级课题《新型城郊学校0-6青年教师阶梯式发展机制的实践研究》

子课题—大德育—铸魂—情商	子课题—大体育—育根—健商	子课题—大语文—奠基—智商	子课题—大科创—创思—灵商	子课题—大中国—修身—德商
"五有"	"三质"	"四能"	"二创"	"一心"

"五有三质四能"按九个年级、五个年级段，即一二、三四、五六、七八、九年级，确立各阶段相对应的培养目标

全体教师、学生、家长，营造"'五个一致'基础上的'三个合力''三种育人'的学校育人工作一体化"氛围

上海市康城学校的办学目标与育人目标定位

二、建设什么样的学校领导班子

习近平总书记在 2013 年提出了"第五个现代化"——推进国家治理体系和治

---

① 编者注：因本书中提及的课题最终均以论文或报告的形式呈现成果，故本书中的课题名称均统一加以书名号。

理能力现代化。而"构建现代学校治理体系"就是这一要求在基层学校的实践探索。它需要党政工从上到下的凝心聚力,需要提升领导班子治理能力;始终把建立良好的党政关系放在建立坚强领导核心的首位;始终把工会的凝聚力工程和畅通民意、民主管理放在学校稳定的首位;始终把班子建设放在学校管理的首位;始终把教师、学生利益放在学校发展的首位;始终营造"办学办氛围、育人育方向"的正能量:让正气抬头,充满校园。通过表扬先进、激励后进,不断拓展上升空间,抬高底部。为此,16年来,我校一直在探索"适人、适时、适校"的现代学校治理体系。

正如毛泽东曾经所说:政治路线确定之后,干部就是决定的因素!所以学校的领导班子要具有卓越的领导才能,去团结、挖掘、激励每个人的潜力,"凝心聚力,共赢共进",让教师在成事的过程中实现成长,让学校在教师成长的过程中成功。这就是所谓的"大智"。正所谓"小智治事,大智治制";"小智谋子,中智谋局,大智谋势"。

虽然形势千变万化,教育改革也层出不穷,但学校领导应该洞悉教育发展和师生成长的规律,以此正确定位未来学校、教师、学生、家庭教育的发展,乃至定位未来中国和地区教育的发展。所以,一个好的领导班子应该拥有很强的教育敏感度,

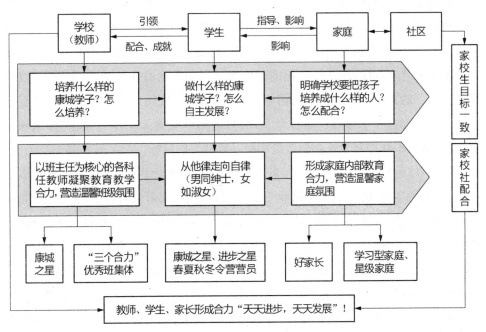

"打造理想康城,让师生健康成长"办学思路

优化学校内部管理,引领教师、学生和家长的发展,推动学校内涵发展和办学高质量发展;时刻让每个师生、家长清楚"现在在哪儿""将要去哪儿""怎么去";让每位教师清楚学校要把每个学生培养成什么样的人,该怎么培养;让家长清楚学校要把你的孩子培养成什么样的人,该怎么配合学校;教育每个学生懂得学校要把我培养成什么样的人,我该怎么自主、自觉、自信地成长。

而学校内部管理的精髓是为了实现办学和育人目标进行的以"人"为中心,由"不同校长"采取的"不同领导方法"。它包括管理目标(发展人)、管理手段(引领人)、管理核心(为了人)。由于学校内部管理面对的是每一个生命,是每天在变化的师生和家庭教育,所以,尽管学校的制度是死的,但学校的管理应该是活的,也就是动态的。作为学校的领导者,要敏锐、敏感地把握动态,以不变应万变,抓住人的思想,需要不断完善甚至调整制度、规划;更要随着师生的思想变化,站高引领,让学校、师生永远充满正能量!

简言之,一个好的学校管理者应该是推动学校发展的创新改革者,学校办学、教师专业化发展、学生健康成长的思想和行为(人格)的引领者,同时更是提供"人文关怀"和营造"和谐共赢共进"氛围的服务者。苏霍姆林斯基说:"学校的领导首先是教育思想的领导,其次才是行政的领导。"现代学校应时而生,只有努力探索现代学校建设和管理的新观念、新思路、新模式,树立现代教育思想,才能提高学校办学质量,实现学校内涵发展。所以,如何建立既能坚持方向性的管理原则又能体现以人为本的管理取向,建立科学化的管理机制和个性化的管理模式,实现以"校园文化引领下的文治为主,德治、法治辅之,人性化与制度化相结合管理,营造'五个一致'基础上的'三个合力''三种育人'为核心的学校育人工作一体化"体制和氛围,是康城在不断提升学校办学质量期间一直努力的目标。

当然,作为转型期社会学校内部管理的着力点,不管什么管理,都要明确事在人为,激发原动力,让每个人当家做主,潜力最大化。面对教育行业与其他行业的最大不同:学校的"对象是活的",学校、教师、学生、家庭的情况各校又不尽相同,因此,各校有各校的管理,甚至一个学校在不同时期也应该有不同的管理。即做到"无模却有模,有模却无模":在管理过程中没有固定管理模式却能遵循管理规律,能遵循管理各种规律却永远不墨守成规,能针对学校发展实际实行创造性管理。

管理如此,教育也如此。教育,你说,他说,我说,都可以。但作为学校的管理者,你站多高,学校的教师才会站多高,你学校学生的人生起点才会有多高!校长要用不断提升的校长职业生涯顶点，来不断抬高每个教师职业生涯的起点和顶点；教师要用不断提升的职业生涯顶点托起每个学生人生的起点，不断抬高家庭教育和学校办学育人质量的底部，向更高目标挺进！

不管是过去还是现在乃至将来，学校内部管理还是可以发现有一条最普适甚至永恒的方法：校园文化引领下的人性化与制度化相结合的管理，即德治、法治和文治的完美结合，有效、有限、文以化之。而校园文化营造的最好途径，就是不断通过熟悉教师需要的校领导班子，充分利用教师学习培训的平台来站高引领。

三、培育什么样的人

党的二十大报告中指出：办好人民满意的教育。教育是国之大计、党之大计，培养什么人、怎样培养人、为谁培养人，是教育的根本问题。育人的根本在于立德，立德树人是教育的根本任务。而新时代背景下的办学育人方向应该是优质均衡、共同发展。让每个学生潜力最大化，让每个人的人生出彩！这就需要我们五育融合，以德为先，为党育人，为国育才，培养合格可靠、全面个性化发展、一代更比一代强的社会主义建设者和接班人。教育的目的应该从"人才"到"人生"，教会他们从"会考试""会解题"到"会思考""会生活"。

所以，建校 16 年来，我们从生源实际出发，始终以"让每个学生在原有的学业基础上天天有所进步，有所发展"为目标。依托课内课外、校内校外一切活动，给学生提供实践感悟式的成长之路和博采众长的学习成长之路，形成家、校、社三位一体的"五个一致、三个合力、三种育人"，加强学生行为习惯的养成教育，渗透"立德树人"。以"五常规"为抓手，让每个孩子养成行为、学习、生活等各种良好习惯；推进"学榜样、赶先进、创优秀、攀高峰"，"个人争当康城之星、大德育之星、大体育之星、大语文之星、大科创之星，集体争当康城文明之班"，做好"榜样理想"教育，让学生成为文明守纪的"康城学子"。依托学校的"五大"育人特色，培养具有创新思维和实践能力、跨学科知识、终身学习态度、良好道德品质的社会主义建设者和接班人。

这是随着时代之变，教育必然需要适应的变化。

首先，社会变了。从农业文明到工业文明，再到信息文明，带来了知识本位、创新驱动的新时代。移动通信、互联网、云技术、大数据、智能机器，深刻改变着人类的生产方式、生活方式、交往方式和情感方式，一个科技日新月异的全新时代正展

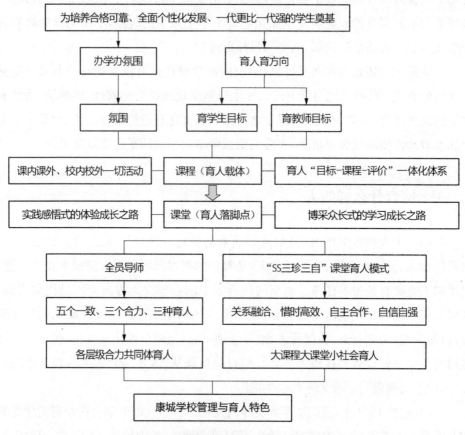

为培养合格可靠、全面个性化发展、一代更比一代强的学生奠基

办学办氛围　　育人育方向

氛围　　育学生目标　　育教师目标

课内课外、校内校外一切活动　　课程（育人载体）　　育人"目标-课程-评价"一体化体系

实践感悟式的体验成长之路　　课堂（育人落脚点）　　博采众长式的学习成长之路

全员导师　　"SS三珍三自"课堂育人模式

五个一致、三个合力、三种育人　　关系融洽、惜时高效、自主合作、自信自强

各层级合力共同体育人　　大课程大课堂小社会育人

康城学校管理与育人特色

上海市康城学校 16 年的管理与育人特色

现在我们面前。这种巨变，毫无疑问将深刻地改变世界、改变教育、改变人类的学习方式和教育方式，并对人才培养、教师培养提出新的要求。

其次，学生变了。现在的学生是伴随着互联网成长的一代，他们拥有互联网思维、互联网社交、互联网购物、互联网语言，还有日益形成的互联网价值观。用成人的眼光看现在的孩子，越来越看不懂，从孩子的眼光看，成人越来越落伍。如果我们想用自己成长的经历来理解、比照、揣摩新生代，想用我们的传统习惯去改变他们，那一定会无功而返。如果我们不能学会与学生共处，教师的优势、教育的功能就难以发挥出来。

最后，家长变了。义务教育全面普及，高中阶段毛入学率约为 90%，高等教育率为近 50%。这意味着新生代家长将有一半左右具有高等教育文凭。家长对孩子的期望发生了重要变化。以前，家长说："我们把孩子交给老师了，请严加管教。"甚至会说，"孩子交给你，要打要骂随你便"。现在的家长有自己对教育的理解，有很高的教育期望，有很强的法治意识。如果我们对家长的这种巨大变化没有敏锐感悟的话，学校、教师与家长、社会就会经常处于冲突之中。

基于这样的情况，教师不能不变。未来的教师不仅是传统意义上的"传道授业"者，更是未来人类灵魂的工程师、未来生活的引领者和培训者、情感的慈善者。

四、培养什么样的教师

教师的专业水平是影响一个学校发展的"脉门"所在，是一个学校发展的核心竞争力。教师的专业水平并不是指教师的学历水平，也不是指"育分"能力，而是指培养学生适应社会、适应未来发展的一种专业能力。在新时代背景下，随着素质教育的推行，培养教师的核心素养已经成为迫切而紧要的任务。培养教师的核心素养是一项综合性的工作，不能只片面强调对教师学科知识、教学技能的培养，更应该注重提升教师的知识储备、教学能力及教学态度，从而推动我国教育事业的全面发展。因此，"育人先育己，要学生做到的教师自己先要做到"，是引领我校教师专业发展的根本思想。只有先育好教师，才能育好学生，从而可能育好家长。人的工作首先是思想工作，所以，16 年来，我们一直在"搭台子""压担子"，引领教师树立"自我进取和发展的人生观""学生学校利益至上的价值观"和"成就学生、成就他人即成就自己的崇高职业信仰"，并具备以下必备品格：

(一) 具有高尚师德的教师

作为教育工作者，教师首先要具备高尚的师德，包括敬业爱生、为人师表、严谨治学等。这是教师职业的核心素养，也是培养优秀学生的基础。为进一步提高整个教师队伍的师德水平，促进我校教师践行师德规范，不断优化教师教育行为，学校管理层每学期撰写学习材料，定期开展思想政治学习，引导全体教师坚持正确的政治方向，人人明确我们党和国家的教育方针，树立社会主义核心价值观，做好康城学生的表率。学校始终围绕教育政策与法规、教师职业理想和职业道德规范等内容开展学习，帮助教师树立正确的教育观、学生观、质量观，提升教师人文素养、育德意识和育德能力。

（二）具备专业素养的教师

教师需要不断更新自己的学科知识，掌握先进的教育教学理念和方法，提高教学水平和能力。同时，教师还需要具备跨学科的知识储备，以应对多元化的教学需求。教师的专业能力，一种是课堂上的"育分"能力，另一种是课堂内外的"育人"能力。16年来，学校先后根据上级要求和学校发展各阶段制订了四个规划，为教师明确了学校各阶段的办学与育人方向。这四个规划分别是："打造理想康城，让师生健康成长——稳定规范，改革发展"（2008.8—2011.8）、"打造理想康城，让师生健康成长——夯实基础，有所突破"（2011.8—2015.8）、"打造理想康城，让师生健康成长——争创特色，和谐发展"（2015.8—2020.8）、"打造理想康城，让师生健康成长——均衡优质，共同发展"（2020.8—2025.8）。

我校对教师的专业引领，主要是依托我校规划和配套的学校龙头课题来实施的。学校以规划引领学校和教师的发展，以课题引领教师促进规划的落实。学校先后设计了四个配套的学校龙头市、区级课题：以《城郊农村九年一贯制学校教育衔接和贯通的策略研究》课题，确定序列化九年义务教育分阶段育人目标；以《新型城郊学校构建0—6青年教师阶梯式发展机制的实践研究》课题，确定怎么育全体教师尤其是育青年教师的机制；以《社会主义核心价值观教育和教师学科德育意识及能力提升相融合的实践研究》课题，进一步明确了康城学校"育人先育德"的理念，进一步强调人人是德育工作者，是班主任、课堂班主任、全员导师；以《核心素养背景下SS课堂育人策略的实践研究》课题，带领全体教师进行新时代教学育人方式改革探索和实践。

此外，学校还通过将个人考核与以班主任为核心的班级育人合力考核相结合，以此进一步推动营造各层面教学育人合力，推动学校全员全方位全过程合力育人，真正提升学校以班主任为核心的班级合力，真正促使教师在实践中反思，在反思中成长。

（三）具有创新精神的教师

教育是一个不断发展和变化的领域，教师是学生成长道路上的重要领路人。具有创新精神的教师能够敏锐地捕捉到教育的新趋势、新方法，激发学生的好奇心和求知欲，能够紧跟时代的步伐，了解社会需求，不断探索新的教学方法和育人方式。基于康城学校校训的"SS课堂育人模式"，就是在"双减""双新"背景下，对育人方式变革的探索和实践创新。

（四）具有团队合作精神的教师

康城学校的班级"五大"合力考核一直都是层层"捆绑式"的——班级各学科捆绑、年级组捆绑、学科组捆绑。这就需要教师之间相互学习、相互支持，形成团结、协作的工作氛围。只有每个教师都能自觉主动地把自己当成康城"育人"目标这个"电路"中不可或缺的一部分，积极主动参与到以班主任为核心的育好该班每一个学生的育人工作中，做好"课堂班主任"（全员导师）的角色，使康城的每一个班级形成以班主任为核心所有科任教师相互协作的"同一班级育人并联"，才能真正引领每个学生"天天进步、天天发展"。同时，教师还需要与家长、学生保持良好的沟通和合作，共同促进学生的全面发展。这些其实是与习近平总书记在 2014 年 9 月 9日第 30 个教师节即将到来之际，提出的"四有"好老师（有理想信念、有道德情操、有扎实学识、有仁爱之心）的内涵要求相统一的。

上海市康城学校"五大"合力考核比例

年级	大德育（%）	大体育（%）	大语文（%）	大科创（%）	大中国（%）
一	40	20	20	10	10
二	35	20	25	10	10
三	25	25	30	10	10
四	25	25	30	10	10
五	20	20	40	10	10
六	40	20	20	10	10
七	35	20	25	10	10
八	25	25	30	10	10
九	20	25	40	5	5

康城学校对于教师的专业发展的指导思想是"打造特色校园文化,引领教师专业成长"。学校在实践中除了目标引领、规划引领、制度引领,更多的是进行了思想(价值观、人生观和信仰)和课题的引领。学校通过"底线思维"的显性动力挖掘,全面推进师资梯队队伍建设,全面打造市、区、校骨干梯队和带教导师、教练梯队;中老年教师突破"高原期"获得"再生";青年教师"率先成长成熟",经历"不规范—规范—优秀—榜样"这一蜕变过程;形成"一个年级把关—高低年级把关—全循环把关"教师阶梯式发展梯队;打造市、区、校教练或特色课导师、小学或中学项目教练或导师、助理教练等"引领培训者"队伍;评选"康城之星""康城青年未来之星"和康城年度优秀者的榜样队伍;等等。学校更是通过"职业发展要求和校园文化核心人生观、价值观、信仰引领"挖掘教师隐性动力,激发每个教师"自我进取和发展原动力",让康城每一个教师的专业思想、专业知识、专业能力和专业情意都能实现"再发展"。学校一贯要求人人实践"课堂班主任(全员导师)",人人落实"三珍三自"课

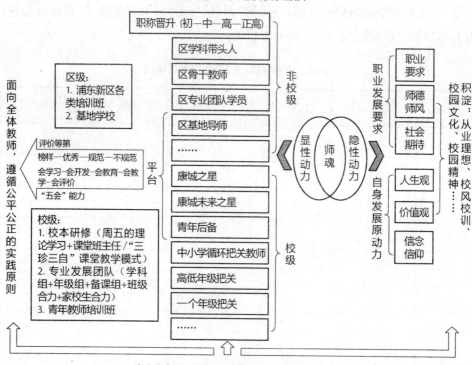

上海市康城学校教师培养策略

堂育人模式,确保每个教师在校内外的一切活动中自觉实践、钻研、落实以"五大"为核心的"两个有所"育人目标,从而打造理想康城,让每个教师快乐出彩。

五、如何培养教师

教师与教育本就是一体的。教师不仅是有知识的人,而且是会教人的人,教师不是教知识,而是教人学知识;教师不仅教人学知识,而且教人做人,是教书育人。这需要有专门的知识和能力,需要专门的培养培训办法。教师的学龄、教龄、学科背景不一样,成长经历、受教育环境不一样,不同学校教师的文化状态、精神状态也不一样,而且,每个教师对自己的期望、追求也不一样。

学校办学,育人为核心,育人先育育人者。学校发展关键是培养教师,尤其是培养青年教师,承上启下,传承发展。青年教师能否永远保持刚入职时的那份热情和积极性,会直接影响学校的可持续发展。习近平总书记在 2014 年教师节来临之际提出的"四有"好老师标准,为新时代全体教师尤其是青年教师的成长发展指明了方向和奋斗目标。作为学校的管理者,要做好基于学校个案的全体教师尤其是青年教师培养的顶层设计,为全体教师尤其是青年教师的发展精准定向,把青年教师培养"沉下去"。在一线中探索科学有效的路径,在中老年教师榜样引领下,补足他们入职后专业发展的"钙",尤其是"精神之钙"。在培养全体教师的高尚师德、专业技能及信心、信仰和理念的基础上,通过"搭台子""引路子""压担子",重点激发青年教师专业发展的自生长力和内生动力,让他们的专业能力在最短的时间里得到"最快""最好""最全"的提升。从而助力他们真正成为未来教育发展的"引领者"和"培训者"。

16 年来,康城学校在如何培养教师方面做了以下探索和实践:

(一) 关注教师的需求和期望

学校领导班子时刻关注教师想要什么、需要什么,以及他们对工作的满意度和成就感;通过与教师进行沟通和交流,了解他们的需求和期望,并采取措施来尽量满足他们的需求,给予教师足够的尊重;同时,也要倾听教师的声音,关心他们的需求和问题,让他们感受到自己的重要性。学校利用工会后勤的服务保障,为教师提供更好更舒适的工作条件和环境,帮助他们解决工作中的问题、生活上的困难;每个月给予教师一定的机动作息时间处理个人事务。这样,康城的每一位教师都能感受到学校给予的关心、尊重和温暖,他们在康城的每一天都能感受"工作即生活"的快乐和幸福,即使将来离开了康城,也会是有所眷念的。

(二) 给予教师足够的支持和鼓励

学生需要被表扬、被欣赏,教师也是。每个教师都希望自己的工作得到学生、家长和同事,当然也包括领导的认可和尊重。作为学校领导,要公开表扬优秀的教师,感谢他们为学校做出的贡献。16 年来,康城学校通过各种方式来表达对教师的关心、支持和鼓励,比如利用每年年度考核、教师节市区镇校优秀评选和全校大会上的各种表彰仪式,在工作上给予他们肯定和鼓励,让每个教师拥有获得感和成就感。学校尽最大努力为教师提供舒适的办公空间和先进教学设备,确保他们能够顺利、高效地开展工作。学校每学年还会提供必要的培训和学习机会,帮助教师提升自己的专业素养和技能水平,让他们感受到学校对于他们个人职业发展和理想追求的重视。

(三) 为教师提供专业发展的机会

教师需要不断学习和成长,以保持他们的专业素养和教学育人水平。康城一直把建立学校研修制度作为一个重要的抓手,主要是教研组的研修和见习教师基地研修,形成从上到下良好的研修氛围。具体举措包括:(1) 完善校本研修工作机制。建立学校行政规划、专业部门指导、学校为实施阵地、教师为实践主体的校本研修机制。搭建适合康城学校的多层次校本研修工作展示交流平台,促进校本研修工作的有序开展。(2) 加强学科教研组建设。成立"康城学校校本研修领导小组",加强对校本研修活动的领导、规划和指导。根据学校研修活动方案明确职责:① 制定学校校本研修的总体方案;② 行政领导深入教育教学第一线,分管蹲点各相关组研修或讨论;③ 为校本研修有条不紊地推进实施提供良好的软、硬件环境;④ 聘请专家来校指导,专业引领校本研修工作。提升对师训分管领导、教研组长的培训力度,发挥高校专家、区骨干教师在校本研修中的引领辐射作用,多渠道促进学科教研组建设。(3) 培育各教研组校本研修骨干。举行校本研修系列讲座,提升师训分管校长领导力。从理念到操作路径,为学校制订校本培训规划、提升校本培训课程和教研组建设水平提供智力支持。聘请高校或专业培训机构专家为教研组长开设专题研修项目,提高教研组长校本研修的执行力。对新上岗教研组长，以"教研活动的策划与实践"为主题，通过专家讲座、同伴研讨和活动观摩，提升学员专业技能。（4）完善校本研修制度建设。建立完善的组织机构、制定科学的管理制度、创建有效的激励和监督机制，促进我校全校本研修顺利开展。同时，坚持从实践中发现问题，从研修中解决问题，再到实践中去验证问题的工作思路，通过专业引领，合作交流，严格检查，全面考核，确保教师专业水平科学持续地发展。（5）构建各教研组校本研修模式。"校本研修"的目的是提高学校教师的专业发展水平，促进学校内涵发展。所以，学校的研修模式不仅有师德讲座、学术讲座、专题研讨，还有家常课后的"课堂改进"、公开课后的"反思研讨"，最主要的是全体教师一起参与学校四个龙头课题的探索、实践和推进落实，与学校一起共成长。在这样的机制下，学校多个学科组获区优秀学科组称号，见习教师基地多次获优秀基地称号。

（四）建立合理的激励机制

教师的工作需要得到公正的回报和认可。学校 2009 年开始就探索建立"绩效、岗位、聘任、考核、评优"一体化的激励机制，根据教师的综合表现给予相应的激励，激发教师的积极性和创造力，让他们更加自觉自愿地努力工作。比如身份激励：教师希望成为学校的主人，与学校共成长共发展，一起分享学校发展的成果。学校通过教代会等各种民主管理方式，让教师参与学校管理，对全体行政考核、学校绩效考核等制度的制定，真正在重大事务的决策中让教师充分感受主人翁的责任感、自豪感。制度激励：学校在制度上充分保障和体现公平的原则，学校的大小事务公开，各种评选分配等公平公正，确保使这种外部的推动力量转化成每个教师自我努力工作的动力，充分发挥教师的潜能。文化激励：学校基于学校文化传统，构建了一个教师认同并形成共识的"凝心聚力，共赢共进"的校园文化，感染和推动了教师的"行为自觉、专业自觉和文化自觉"，使之成为学校 16 年来长远、可持续发展的不竭增长点。

（五）立足校情，申报龙头课题《新型城郊学校 0—6 青年教师阶梯式发展机制的实践研究》

康城学校 2008 年建校，是一所城乡接合部的农村学校，城镇化进程使外来务工子女占我校学生总数的 65％以上。建校 16 年，教龄不超过 6 年的青年教师

（"0—6青年教师"）占教师队伍的"半壁江山"。作为2008年后康城学校陆续引进的这个教师群体，其特点是：专业上总体落后于1978—1998年的师范类大学生和"一代中师"；拼劲与克服困难的毅力上也略输于1998—2008年引进上海的外省市学校骨干教师；身份上绝大部分是二三流非师范类本科毕业生，且以独生子女居多，他们一般不了解当今的学生，不熟悉新的教材，缺乏沟通能力，不能理论联系实际。因此，培养、扶持、助力、成就这批"先天不足"的青年教师，让他们能不输于资深教师，是学校发展迫在眉睫的责任和任务。唤醒青年教师的专业成长意识，让他们从独生子女的"关注自我感受"转变为更多地"关注他人（学生、家长、同事）感受"。这除了需要一定的方式方法，还需要探索一条适人、适校的路径，来引领他们自觉、自主、自信成长。于是学校确立的第二个龙头课题，就是聚焦如何建设一支能适应、推动学校可持续发展的教师队伍，尤其是能"青出于蓝而胜于蓝"的青年教师队伍。

如果说我校的第一轮迅速发展是得益于中老年教师与青年教师的"1+1"模式，那么，学校第二轮的发展需要的则是"1+1＞2"的模式。所以，从2013年起，随着学校部分教师接近退休年龄，学校管理层开始思考如何提高新进青年教师"单打独斗"的能力和"借脑借力"形成育人合力的能力，让本校青年教师在区内甚至市内同一批引进的青年教师中率先一步成长成熟。学校应建立一套机制，从他们一进校就帮助、指导他们做好一个切合自身实际的职业发展规划，激活每个人专业发展的"内驱力"，尽快实现从"本体性知识"到"经验性知识"的转变，从而在帮助"康城"建立一个青年教师的"阶梯式发展"机制的同时，也让中老年教师实现"教学育人观念和专业能力的再生"，从而全方位为学校第二轮发展打造一支优秀的教师队伍，造福于现在及未来所有的康城学生。这成为了与学校第二个发展规划配套的第二个市级龙头课题研究的最大意义。《新型城郊学校构建0—6青年教师阶梯式发展机制的实践研究》探讨的是0—6青年教师培养，乃至探索整个师资队伍和青年教师职业成长的路径，尝试构建青年教师阶梯式成长成熟的发展机制。

阶梯式发展激励机制的制定，是根据马斯洛需要层次理论来设计的，尤其是绩效后时代的学校，不但需要营造"做多做少不一样"的绩效激励机制，更需要思想、专业发展的精神激励机制，能激励每个青年教师自觉成长发展的"阶梯式激励机制"。因为教师虽然是需要理想的职业，但教师也是现实中的人，需要用看得到的各种激励来满足和引领他们各种层次的需要,尤其是自我发展的需要。

在课题的摸索和实施过程中,康城学校逐渐形成了与青年教师成长相适应的三个机制,即:公平成长机制——搭建平台,培训培养机制——激发潜力,选拔提升机制——率先成长。三种机制成了培养青年教师专业发展的抓手。

1. 公平成长机制

公平,主要是机会的平等,但不保证结果的公平。康城给予所有教师"绩效、岗位、聘任、考核、评优"尤其是专业培训、干部培养等各方面公平成长的机会,但最终被认可,还要靠自己的努力。这也是给予努力上进的青年教师最好的精神嘉奖。

2. 培训培养机制

培训培养机制是为每个青年教师的专业成长提供强有力的后盾。学校通过"三个引领"来提升"青年教师阶梯式发展机制"的实践,即通过"技术引领"校本培训课程,构建职能体系,阶梯式发展 0—6 青年教师的教育教学素质;通过"探索引领"校本培训课程尤其是龙头课题,构建研究体系,阶梯式发展 0—6 青年教师的教育科研意识;通过"思想引领"校本培训课程,构建内化体系,阶梯式发展 0—6 青年教师的自我觉醒意识。通过这些培训培养机制,青年教师能够珍惜机会,快速成长,并能够向优秀教师看齐,勇敢且积极地展现自己。这样的培训培养机制让青年教师树立信心、看到希望、看到未来,更看到自己肩上的责任和光荣使命。

3. 选拔提升机制

青年教师,是学校发展的后备力量和希望所在。通过有目的的历练和培养,康城学校涌现了很多优秀教师。学校通过制定选拔提升机制,给予每个青年教师一生成长发展不竭的外在驱动力,让每个青年教师形成"自我进取和发展"原动力。选拔提升,是要把敬业爱岗、甘于奉献、能力出众的同志作为后备干部,利用挂职、跟岗、担任实职等机会,给予他们锻炼培养,进行思想、信念、身心、能力等全方位的历练与提升。对于这些分批选拔的优秀后备干部,学校逐层让他们担任或挂职不同岗位,还依据《上海市康城学校青年后备干部的培养手册》,建立健全科学规范的后备干部选拔、培养、管理和任用的工作制度。到目前为止,学校八期青年后备干部绝大部分能够胜任行政管理岗位,一些优秀的青年干部已经开始独当一面分管学校德育、教务或综合处等工作。

通过几年的探索,学校整体态势及青年教师的个人发展,都有明显提升。主要成效如下：

1. 有效加强阶梯式发展机制的文化融合度与文化认同感

这一课题立项时，学校组织相关人员做了主题为"职业心动之人·康城未来之你"的前期测试，以期通过了解康城0—6青年教师对于身边的人与事的感性认知、直觉判断，从而梳理出0—6青年教师对"教师专业发展"的认识状态。

尔后在课题临近结题阶段，学校再次组织相关人员做了这一测试，比较获知0—6青年教师对"教师专业发展"认识的改变状态，同时得出基于一定办学理念和价值取向下，阶梯式发展机制的文化融合度、文化认同感都得到有效加强的结论。

2. 有效提升康城学校教师的文化融合度与文化认同感

思想决定着一个人的行为，康城16年探索实践"校园文化引领下的人性化与制度化相结合的管理模式"，让青年教师从一入职就感到了集体的温暖和领导的关爱、重视，让他们对自己选择的教师职业充满了信心和期待。在2016年暑假，唐校长给青年教师写了一封信——《做未来教师的引领者和培训者》。在给校长的回信活动中，105位青年教师坦诚诉说，表达了自己成长的心声。

以下摘编了部分青年教师给校领导回信的内容概要：

> 顾晓清：用自己亲身经历的事情来回应校长信中"育人"的重要意义。
>
> 马一群：列举事例来说明"情商"在教育教学中的重要意义。
>
> 吕行瀛：学习校长的来信后，反思自己"心累""低效"的原因。
>
> 李敏：对自己如何"率先一步成长成熟"有了思考。
>
> 谈佳：结合自己在康城的成长经历，论述未来如何成为优秀教师。
>
> 石秀云：从"校园文化"的角度，谈了自己由一名"外地人"到"康城人"的改变，表达对校长与学校的感激之情。

3. 有效实践0—6青年教师阶梯式发展机制下的专业发展之路

依据马斯洛的需求层次理论及赫兹伯格的双因素理论，人的需求是有层次的，工资薪酬属于保健因素，而事业上的成就感才属于激励因素。所以，获得职业生涯的发展远比单纯的工资薪酬增加要重要得多。

阶梯式发展机制符合0—6青年教师的需求，如他们攀岩的抓手，一步一个抓手，指引着0—6青年教师登向更高处。登高需要智慧，需要勇气，这些发自内心的品质，恰如0—6青年教师的"自生长力"，内外配合、相得益彰地促进了0—6青年教师的学习之路、领悟之路、成长之路。阶梯式发展机制精准、成功地成为0—6青年教师的基本功和"率先一步成长成熟"的密钥。

4. 有效指引0—6青年教师阶梯式发展机制下的专业发展之路

在浦东新区见习教师规范化培训的过程中，有一份《学科专业发展"临床"诊断书》，内含三个子诊断书，即《学科教学设计能力诊断书》《学科见习教师课堂实施能力诊断书》《学科见习教师专业发展自我诊断书》。基于第一年的诊断书，看看第二年、第三年甚至更多年后，青年教师会有怎样的变化？当他们再一次回头看第一年的诊断书，又会有何触动？

较之第一年，现在的每一位非第一年教龄的青年教师，已经懂得聚焦"问题"。尤其是问题数量上的聚焦，更主要的是能关注到学情问题，开始寻求教科研的专业之路，不再出现第一年时青涩的教师面对诊断书，那种不知所措、问题堆积的状况。

> 沈艳群：教学方法仍然看重文本本身的意思，缺乏对文本内容的深入挖掘。
>
> 孙境远：对文本解读缺乏深度，课堂驾驭能力不足，对学情分析不够准确。
>
> 周燕萍：班级管理经验不足，缺乏科研意识。
>
> 徐倩：教学方法稚嫩，教育科研仍停留在感性层面。
>
> 俞青：没有把课堂真正还给学生，自己的讲授过多，课堂生气不够。
>
> 陈雨晴：对教材的整体把握不够，还不能真正实行分层教学和作业。
>
> 马红：课堂效率有待提高，小组合作流于形式。
>
> 邢佳妮：对教材内容把握不准，不能根据学情选择方法、内容。
>
> ……

结题之前的这第二、第三、第四份"诊断书"，青年教师明显自信多了——敢于采用自评、他评等多种方式来面对自己的问题与困惑，同时在改进措施方面，在注重培训、实践性的听评课的同时，继续向专业"高手"拜师，向更高处攀登！

课题的引领和推进，不仅使每个青年教师的专业得到了最快最好的发展，而且使很多中老年教师也实现了专业的再生，真正实现了"1+1＞2"的专业成长模式。康城青年教师群像完全证明了"二三流的本科毕业生照样可以成为优秀教师"，不但能够在专业上"胜任"，而且在学校发展上"接任"。他们中许多人的个人成长案例和感悟，可以从2017年10月《浦东教育研究·康城专刊》上发表的文章中得到见证。

（六）回应时代，再申报龙头课题《核心素养背景下 SS 课堂育人策略的实践研究》

随着学校的发展，面对教育的未来，面对学校第二轮发展中的两个瓶颈——质量和师资，大家深切地感悟到：学校的发展归根到底还是师资问题和育人质量问题。过去、现在和未来学校的竞争都是师资的竞争，师资问题的核心是：在绩效后时代、社会转型期、未来教育扑面而来的适应期，如何让学校中老年教师顺利度过职业的"倦怠期"和"高原期"，实现其专业能力的"再生"；在他们的引领下，在每个青年教师自觉自愿的前提下，如何让全体青年教师较之周边其他学校的青年教师能"率先一步成长成熟"，以此期待实现全校师资"单打""合力"素质的整体提升，为"打造理想康城"，更为走上"健康而有诗意"的绿色发展道路奠基。所以，探索什么样的路径来破解我校新一轮发展的瓶颈，是摆在康城学校每一位教师面前迫切需要解决的问题。

2015 年，学校基于我校校训"珍惜、珍爱、珍重，自主、自信、自强"提出"三珍三自课堂育人模式"，后来改为"SS 课堂育人模式"。分为"SS 课堂班主任"和"SS 课堂教学模式"。"SS"既是指我校校训"三珍三自"中"三"的声母拼音，也是指"student"（学生）、"stimulate"（激励）、"share"（分享）、"study"（学习）、"strong"（强大）。即：以学生为中心，激励不同水平的学生参与小组探究，并敢于分享，从而让不同程度的学生在课堂内外有真正的学习发生，实现自信自强。其理论内涵包括：关系融洽（前提）、惜时高效（核心）、自主合作（途径）和自信自强（目标）。即鼓励教师通过与家长、学生、同事沟通协调，构建课内外、校内外融洽的各种关系为前提，营造温馨的班级育人氛围和融洽的课堂氛围，通过教师在课堂上的惜时高效引领，帮助不同层次、不同兴趣的学生养成自主合作习惯、每个人个性潜力张扬最大化、能以小组主人翁精神为小组荣誉，"人人做自己最擅长项目的组长"，最终在师生、家长共同努力下尽可能实现每个人的自信自强。强调"教学"的前提是"育人"，而育人的前提是建立融洽的师生、生生及家校关系。虽然它的落脚点仍然是"课堂"。但这里的"课堂"分为三个层次：小课堂（教室内的）、中课堂（校园内的）、大课堂（社区内的、国家内的、地球内的、宇宙内的）。具体来说，关系融洽（前提），聚焦于全员如何在学校大课程育人理念和氛围下形成合力，其途径是"串联教学""并联育人"。"串联教学"，就是要求教师从宏观、中观与微观三个层面对整个教学过程"谋篇布局"。"并联育人",是要求康城每一位教师、每一位家长,都把自己当成康城育人"电路"中的一部分,携手形成最大合力,即构建"全员导师"基础上的全员全方位全过程、"大课堂小社会"的育人氛围和体系。惜时高效(核心),侧重于教师如何引领课堂,从而实现高效教学和高效育人。自主合作(途径),侧重于教师如何引领学生,帮助不同程度的学生在课堂内外都有真正的学习发生,让每个孩子因自己的个性潜力最大化而成功。自信自强(目标),既是课堂教学目标,更应该是我们教育的真正育人目标。如图:

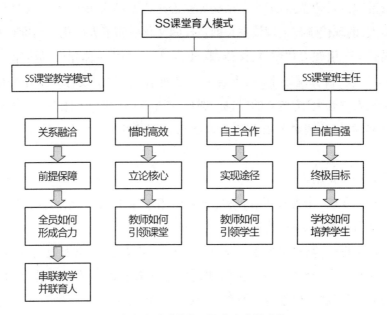

上海市康城学校"SS课堂育人模式"

经过几年自下而上的探索,2020年《核心素养背景下SS课堂育人策略的实践研究》作为学校第四个发展规划的配套龙头课题,成功立项为区级一般课题。学校遴选了五位青年后备骨干教师作为四个子课题的引领者,全体教师自己选择参与其中一个子课题。于是中小学、各学科、各年级,打乱了原来的学科组年级组推进工作模式,全校教师以这个课题为平台重新组合,开始了共同探索实践康城办学与育人之路,探索、实践每个人的职业成长成熟和再生之路,真正在康城文化熏陶形成的"行为、专业和文化自觉"中逐渐完成新老融合、新老接替。当时间来到2021、2022年,"双减""双新"政策的相继出台,为本课题的推进坚定了方向,使我们更有了底气和动力。"双减"政策要求教师转变教学和育人观念,探索新的育人途径,给不同层次学生的未来发展提供更多的可能性,让每个人的人生精彩,从而提高家校生的幸福指数。"减"的目的是"增"。教师要探索如何在减轻学生学业负担的同时增加学生在课堂中的学习"效益"的教学模式。即如何构建"惜时高效"的课堂教学育人模式,构建新时代"双减""双新"背景下的"大课堂小社会"教学育人方式,真正"为党育人,为国育才"。

正是在上述课题的推进中,更是在不断探索提升与现代学校办学和育人相适应的学校内部管理中,学校逐渐明晰了 2008 年以来,尤其是 2013 年以来探索实践现代学校治理体系的思路,逐步总结提炼完善构建了我校"引领人""激发人""凝聚人""培养人"的现代学校治理体系。即:"校园文化引领下人性化与制度化相结合"的管理模式——引领人;"绩效、岗位、聘任、考核、评优"一体化激励机制——激发人;"'五个一致'目标基础上'三个合力''三种育人'""学校育人工作一体化"体制——凝聚人;"五大"为核心的"目标-课程-评价"一体化育人体系——培养人。

1. 构建学校"校园文化引领下的人性化与制度化相结合"的管理模式——引领人

学校管理需要制定章程,实施精细化的管理,但对教师——这一需要创造性、艺术性劳动的职业,作为管理者,不应该挥舞着制度的大棒,甚至假借"上级的鸡毛"当"令箭",对教师实行"管卡压式"的管理。

正像前文提到的《自由企业——释放员工,收获卓越》一书所说,管理应该是为了更好地让每个人"释放人的潜力",如何释放和激发每个教师的潜力,关键是从"如何激励员工"到"如何创造一种有利于员工自我激励的环境"的转变。这也正与康城学校对于办学和育人的理解、探索、实践不谋而合,即:办学办氛围,育人育方向。办学不是把教师"管死",把学生"育死(灌死)",把家长"绑死",而是怎么样营造一种"自我激励和发展"的氛围,引领大家一起形成合力,共赢共进。

所以,康城这几年严格按照上级要求,建立了以章程为核心的精细化管理,但更"以人为本",尤其是"以教师发展为本",实施了人性化的管理。探索实践,建立"依法治校"下的"有限校长负责制","以德治校"下的"有效校长负责制",并在把握人性化与制度化的"度"中,让全校上下明确:学校管理,如果没有制度,可能失去存在的基石;但只有制度,没有人性化,可能会失去每个人未来的发展。所以,学校人性化的管理要通过制度来体现,但在制度中一定要体现人性化。为此,学校要建立现代激励机制、育人体制,但更要营造每个师生期盼的氛围——每个学校特有的校园文化——形成文化的认同，让每个人拥有学校文化的"魂"，拥有"行为自觉、专业自觉"基础上的"文化自觉"，即人人拥有"自我进取和发展"的原动力。

文化的认同是什么？是人的问题，首先是思想问题，思想问题解决了，一切问题就迎刃而解了。16年来，根据学校、师生的实际和教师职业特点，康城提出了用校园文化引领人，要求每个师生树立自我进取、自我发展的人生观，学生、学校至上，凝心聚力、共赢共进的价值观，以及成就学生、成就他人即成就自己的崇高职业信仰。真正构建了"校园文化引领下的人性化与制度化相结合的学校管理模式"，紧紧围绕师魂，重能力、职称、荣誉等显性目标动力的引领，更重职业发展要求和隐性原动力的挖掘；营造了引领人而不是管理人的氛围，真正让大家从思想上正确认识、认同并树立了学校提倡的人生观、价值观和信仰，确保了在绩效后时代仍能拥有一支"敬业爱岗、奋发向上、凝心聚力、共赢共进"的教师队伍，为学校的发展以及引领家长、学生发展提供了师资保障！

2. 构建学校"绩效、岗位、聘任、考核、评优"一体化激励机制——激发人

虽然学校管理中强调文化的引领，注重人性化与制度化相结合，但人都有惰性，更有发展的瓶颈，就像国家有"中等收入陷阱"，老百姓有"小富即安"思想，教师有"评上职称后的惰性"。如何构建一种激励机制助力学校文化建设和引领？尤其是在2009年教育单位实施绩效工资后，怎样让这样一个好政策达到好的预期？不仅不能影响学校稳定，还能实现分配改革的初衷，真正让每个教职工的潜力得以充分发挥，也创造让每个教职工出彩的、更加公平、公正的"想做事、能做事、能做好事"的良好氛围。这是摆在所有学校管理者面前的一大难题，更是挑战每个校长能力和智慧的所在。

如何让绩效分配不完全与资历、职称职级挂钩，更加科学、更加公平地确保"教与不教、教多教少、教好教坏"不一样？绩效到底怎么发？全体教师在大会上明确并统一了对绩效的共识：绩效的核心思想是，世上没有无缘无故的爱和恨！钱放在那儿，总量不变；发放规则也在那儿，是代表民意的教代会通过的。每个人想多拿钱是好事，但每个教师必须懂得，钱是要靠自己、凭本事和辛勤付出挣的。天上是不会掉馅饼的！

如何真正让绩效"钱"（牵）一发动全身？学校开始尝试构建以绩效为统领的"绩效分配、岗位设置、竞岗聘任、综合考核、评优表彰"一体化的激励机制，提出了：绩效奖励，"教与不教（岗位工资）不一样、教多教少（课时工资）不一样、教好教坏

（绩效奖励）不一样”；岗位设置，“干部能上能下、教师能进能出、职级能高能低”；竞岗聘任，“个人竞聘、层层聘任、层层考核（人人竞聘、人人尽责、层层负责）、层层评议”；考核评优，条线个人考核与部门合力考核相结合；评“康城之星”的学生、家庭、班级、教师（包括“康城未来之星”）。

这一系列举措真正让政策得到了最大化的作用发挥，为康城老教师在评上职称后抛弃惰性“再生”，新教师在入职后相对其他学校青年教师“率先一步成长成熟”营造了激励机制和氛围，助推了学校以倡导人人树立人生观、价值观、信仰，挖掘每个人原动力为核心的康城特有的校园文化的进一步形成。

3. 构建学校“‘五个一致’基础上‘三个合力’‘三种育人’”“学校育人工作一体化”体制——凝聚人

如果说，学校的课堂教学要重视各学科每堂课知识的“串联”，每个单元、每学期、每学年，甚至大中小学同一学科知识的“串联”，各学科知识的系统化、跨学科融合和融会贯通，那么教育是需要所有教育人乃至被教育的对象一起形成“教育的并联”的，也就是形成以班主任为核心的班级所有科任教师对本班级所有学生的教育的一致，甚至是形成以班主任为核心的所有科任教师、家长的教育力和所有学生的自我教育力的“并联”。为此，康城学校 16 年来，基于城郊农村学校和 65％学生为随迁子女的实际，逐步构建了我校“五个一致”基础上“三个合力”“三种育人”育人工作一体化体制，从上到下，家校生形成合力，一起“凝心聚力，共赢共进”，真正“同舟共济”。

这也是基于目前中国教育实际而提出的。家庭教育问题是首因，其次是教师对育人和教学的认识，背后反映的也是学校领导与学校办学整体对育人和升学的认识。为此，我们对全体教师和每个学生家庭，提出了“五个一致”的要求，即希望形成：以班主任为核心所有科任教师对本班每个学生教育的一致，家庭所有大人对孩子教育的一致，所有家人与学校教育的一致，家校生育人目标的一致，家校生社全社会育人目标的一致。

在此基础上，我们又根据绝大部分学校只重视班主任对学生的教育，不重视其他教师、家长乃至学生自我教育意识培养等方面的问题，提出了打造“三个育人合力”的要求，即：学校管理各条线的育人合力，班主任为核心的班级全体科任教师育人合力，家校生育人合力。也根据我们有些高阶段学校责怪低阶段学校、高年级责怪低年级教育教学质量的“怪象”，提出了“三种育人”，即：中小学与各年级衔接育人,各年级各学科层层育人,全员全方位全过程育人。

至此,真正动员一切可动员力量,形成以学校教师为核心的教育合力和发展目标,即:在每个教师引领学生乃至家长,或通过学生影响家长,让每个教师、学生、家长明确学校的育人目标,真正形成大家目标一致基础上的家校生(社区)育人合力,并通过对教师、家长、学生每学年的"康城之星"星级评选,不断向上拓展教师、学生、家长与学校的上升空间和向上发展的顶部,抬高教师、家长、学生和学校的底部,提升每个"康城人"的"文化自觉性",确保让每一个教师、学生和家长都拥有一种责任感、紧迫感,人人拥有主人翁精神和集体荣誉感,人人努力让自己个性潜力最大化,让自己的人生精彩,更为康城学校发展共同体目标的实现与"共同发展""凝心聚力,共赢共进"。

4. 构建学校"五大"为核心的学校育人"目标-课程-评价"一体化育人体系——培养人

学校办学是"办育人氛围",最终为"育人育方向"服务。我们党和国家的教育方针非常明确地提出了教育的根本问题:教育为谁培养人?怎么培养人?培养什么人?作为学校,不仅要让校长明确并带头贯彻落实,更要让所有教师、家长和学生明确,明确我们的学校按照党和国家的教育方针要把学生培养成什么样的人,怎么去培养;并且从上到下,打造学校校长的课程领导力、育人领导力,学校中层和教师的课程领导力和育人领导力,全员和全方位的学校育人领导力。

近年来,在大部分学校较多关注让学生全面和个性化发展,甚至有的学校只关注升学的合格率和优秀率时,康城一直坚持以培养"合格+可靠、全面+个性化、一代更比一代强的学生"为办学育人总目标,以及基于每个学生基础之上的"'五大'为核心的'两个有所'"学校育人特色目标,按九个年级、五个阶段打造义务教育阶段序列化育人目标,真正构建起在实现我校育人总目标和特色目标基础上的以培养人的康城"五大"为核心的育人"目标-课程-评价"一体化育人体系。"大德育"铸魂、"大体育"育根、"大语文"奠基、"大科创"创思、"大中国"修身,让每个学生在原有基础上天天进步,天天发展。基于各阶段目标,在严格执行、扎实落实国家基础课程和地方课程基础上,开发配套实现我校育人特色目标的特色课程和基于学生兴趣爱好基础的个性化课程;更对应各阶段目标,为促进育人课程的落地和育人落脚点课堂的高效质量,开发了与各阶段目标对应的评价指标,从最早的纸质版,到后来的电脑版、手机 APP 版。真正构建起了以康城"五大"为核心的"目标-课程-

评价"一体化育人体系,确保了康城每个教师、家长、学生目标明确、途径明确、评价明确,"天天进步,天天发展",为康城近年来提高育人的效率尤其是办学与育人质量,奠定了扎实的基础。

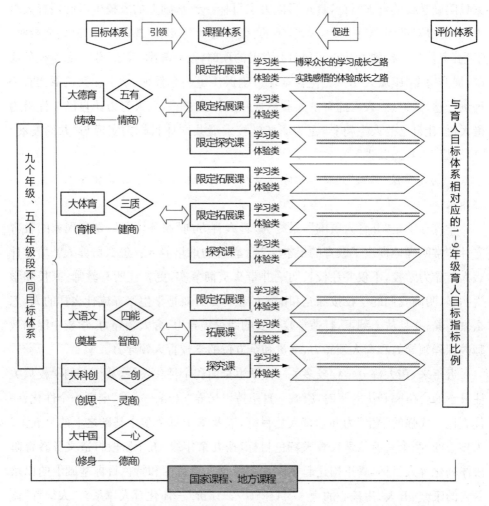

打造康城学校"五大"为核心的学校育人"目标-课程-评价"一体化育人体系

回顾康城16年的办学经历,办学永远是"办氛围",办学核心永远是明确方向基础上的"育人"(教师、学生和家长)。而什么样的氛围最能育人? 不是说教,而是体验、熏陶。无论是所谓的"近朱者赤近墨者黑",还是"一方水土养一方人","文以化人"是校园文化育人的教育最高境界。即以人生观、价值观、信仰为核心引领人,以各种机制激励激发人,以育人体制凝聚所有人,以明晰的"目标-课程-评价"一体化育人体系全员全方位全过程培养人。这就是我们康城学校 16 年来在创建老百姓家门口的好学校,改变一方教育资源和一方百姓孩子命运过程中的心得体会,也是康城探索、实践现代学校管理体系和能力,以及"办好学、育好人"的最好诠释和途径,更是全体康城人打造理想康城,让师生家长一起健康成长的探索历程。

第一章

风采依旧，携手共进

资深教师在康城校园文化氛围中的再次成长

康城建校 16 年来,涌现了很多优秀的教师。作为前辈,他们不仅时刻在学校办学理念尤其是康城校园文化的"熏陶"下传道授业解惑,精进自己的教学能力和教研水平,同时也很好地成为了榜样、模范,引领、感染着身边的人。他们用自己的言行积极影响着青年教师,更乐意为青年教师的成长提供指导和支持,分享自己的知识和经验,帮助他们适应教育工作并提升教学能力。康城的今天离不开老一辈教师的默默付出,康城青年教师的率先一步成长更离不开老一辈教师的正向引领。

文化引领　深植于心　外化于行

——我在康城学校校园文化熏陶下的成长之旅

吴　波

在教育的广阔舞台上，每一次的职位变动都是对个人能力与智慧的深度考验。非常感谢组织，2020 年 9 月底，让我以副校长身份从浦东北片的教育热土调任至南片的新天地，且从纯初中管理的单一领域迈入九年一贯制学校的复合环境，使我的教育职业生涯迎来了一段充满挑战与成长的非凡历程。幸运的是，我遇到了特级校长唐正权，他以深厚的文化底蕴、卓越的领导能力和深厚的教育情怀，引领我在康城学校的校园文化熏陶下，经历了一段深刻而难忘的成长之旅。

一、初识康城，文化的震撼

当我第一次踏入上海市康城学校的校门时，心中充满了对未来的期待与志忑。作为一位从外校调任至此的副校长，我深知自己面临的不仅是一个职位的变动，更是要融入一个全新的教育环境，与一群充满激情与梦想的师生共同前行。

上海市康城学校以其独特的教育理念和深厚的文化底蕴，在我心中留下了深刻的第一印象。和我想象中的城郊接合部地区学校不一样的是，这里不仅有现代化的教学设施，更有一种难以言喻的精神氛围。校园内绿树成荫，花香四溢，每一处都透露着对美的追求和对教育的尊重。更令我震撼的是，这里的师生都洋溢着一种积极向上的精神风貌，他们用自己的行动诠释着学校"打造理想康城，让师生健康成长"的办学目标，并紧紧围绕"大德育、大体育、大语文"为核心的"两个有所"育人目标。从开学典礼上学生的精彩表演，到教师节时师生们的深情祝福；从体育节上的激烈角逐，到艺术节上的才华横溢……每一次活动都让我感受到康城学校独特的校园文化魅力和浓厚的校园文化氛围。正是这片让学生健康成长的肥沃土壤,让我深感自己加入了一个充满活力和希望的大家庭。

二、融入团队,文化的共鸣

文化是弥漫在校园中的"氧气",每一个进入校园的人都在呼吸这种特殊的"氧气",它使人能更自由、更健康地生存和发展。

我深知,作为副校长,需要尽快融入这个新的团队,融入这个大家庭,成为推动学校发展的一股力量。唐校长给了我学习锻炼的平台和快速融入的机会。从一开始的副校长分管党支部工作到协助唐校长全面开展学校工作,在他的悉心指导下,我积极参与学校的各项工作,与同事建立了良好的工作关系。唐校长独特的领导魅力,以及学校丰富多彩的活动、和谐的师生关系、积极向上的氛围,让我感受到了团队的温暖和力量,使我喜欢上了这所学校,有了对学校的归属感和认同感,逐渐融入了这个充满活力和创造力的团队。

康城学校优秀的校园文化具有强大的包容性和感染力。在康城学校的日子里,我深刻感受到了师生之间的深厚情感。这里的师生不仅是教与学的关系,更是相互关心、相互支持的朋友和家人。唐校长经常强调"以人为本"的教育理念。他以身作则,关心每一位师生的成长和发展,倡导学校"立足生本位,构建关爱网"。为了对班主任工作进行必要而有效的补充,为行为存在偏差、家庭教育环境不良、心理有障碍、学习有困难、潜能难以充分发展的学生提供全方位的关爱,学校召开"建立全员导师制,构建学生关爱网"的专题会议。唐校长对全员导师制的构建意义做强调,中、小学部分别细致地整理出"三类"学生名单,落实到班主任与新配对的导师手中,用"二对一"的辅导模式叠加年级组、德育处背后保障,不让一生落下,让每一个学生感到自己是受关注的,老师的温暖无处不在。除此以外,学校还开展了党员与学生结对活动,为"全员导师制"的扎实落地提供了保障。

校长注重倾听每一位教职工的意见和建议,鼓励大家敢于创新、勇于担当。康城学校的教师不仅专业素养高、教学经验丰富,更有一颗热爱学生、关心学生成长的心。教师践行着"立德树人"的教育使命,让我深受感动。我也积极参与到这个过程中，努力成为学生的良师益友，为他们提供力所能及的帮助和支持。

三、文化熏陶，心灵的成长

文化是学校发展的灵魂。在《上海市康城学校教师文化DNA》中写着这样一段话："教育人需要理想，用理想点燃理想；教育人需要情怀，用情怀温暖情怀；教育人需要追求完美，用完美为每个学生全面和个性化发展奠基；教育人需要不断超越，用你的人生顶点托起每个学生的人生起点！"

在康城学校的校园文化熏陶下，我经历了从心灵到精神的全面成长。在这里，我看到了教育的力量和价值，也感受到了自己作为一名教育工作者的责任和使命。我深知自己需要不断学习和进步，才能更好地履行自己的职责和使命。我更加注重自身素质和能力的提升。在唐校长的带领下，我积极参与各种培训和学习活动，不断提高自己的专业素养和管理能力。我注重与同事的交流和合作，汲取他们的宝贵经验和智慧。同时，我也注重反思和总结自己的工作，不断改进与完善自己的教育方法和手段。这些努力让我更加自信地面对工作中的挑战和困难，也更加坚定了对教育事业的热爱和执着追求。

在康城学校的校园文化熏陶下，我更加注重自身的品德修养和道德情操。我深知作为一名教育工作者，我们的一言一行都会对学生产生深远的影响。因此，我时刻保持着高度的自律和自警，努力做到言行一致、以身作则。我注重培养学生的道德品质和人文素养，引导他们树立正确的价值观和人生观。

随着对学校文化的深入了解和体验，我逐渐将个人的成长与学校的命运紧密相连，我更加积极地投入到工作中去，为学校的繁荣发展贡献自己的智慧和力量。我不仅在品德修养上得到了自我提升和完善，也在教育教学上取得了显著的成果。2021年，我由区德育骨干成长为区学科带头人，并主持申报了学校两项区级德育课题，组建团队，定期召开课题工作推进会并及时总结。2022年，我带领中小学道德与法治教研组，在浦东新区第12届教学展示周上进行了公开展示和汇报交流。2023年《九年一贯制学校开展道德与法治教学一体化的实施研究》德育实践课题结题，并获得二等奖；《农村"九年一贯制"学校道德与法治课程与德育一体化的实践研究》中期汇报阶段已结束，取得良好的成绩。

四、传承创新，智慧的飞跃

在唐校长的指导下，我深刻认识到传承和创新对于学校发展的重要性。上海市康城学校创办至今已有 16 载，凭借其深厚的校园文化底蕴，不仅塑造了学校的独特形象，更在无形中推动了学校的全面发展。然而，面对日新月异的教育形势和挑战，我们不能仅仅满足于过去的成就和荣誉，更需要不断开拓创新、与时俱进。

在唐校长的带领下，我们不断探索新的教育教学模式和方法手段，努力提高学生的综合素质和创新能力。我们注重培养学生的实践能力和创新精神，鼓励他们积极参与各种社会实践活动和科研项目。同时，我们也注重加强与家长和社会的联系及沟通，形成教育合力，共同促进学生的全面发展。我们积极参与学校的各项改革和创新工作，并将校园文化的精髓融入课程建设、教学改革和评价体系构建等学校各项工作中。我们努力打破传统的教学模式，引入更多元化的教学方法和手段，如项目化学习、探究式学习等，让学生在实践中学习，在探索中成长。同时，我们也注重培养学生的综合素质，开设了丰富多彩的课外活动和社团课程，让学生在兴趣爱好中找到自己的方向和价值。如在新时代深入推进"大思政课"建设的路上，为深入开展党史教育，进一步助建红色校园，推动红色血脉在康城赓续传承，2023 年 5 月，上海市康城学校引进了中共一大纪念馆"红色思政课程进课堂"。红色思政课，正是以"小课堂"形式回应着"大思政"要求，让学生"有深度，多维度"地了解红色历史，思考党的光辉历程带给我们的启示。通过"红色思政课"的政治引导、价值引领、理论教育和知识传授，使学生在深学细悟中筑牢红色信仰之基，用党的初心使命激励自己，在学习党史的同时品味真理的甘甜，感受身为时代新人的红色使命担当，努力学习，担负起民族复兴伟业的重任！

在评价体系建设方面，我们倡导全面、客观、公正的评价方式，不仅关注学生的学业成绩，更关注他们的品德修养、创新能力、团队合作能力等多方面的表现。我们希望通过这样的评价方式，引导学生全面发展，使其成为具有社会责任感、创新精神和实践能力的新时代人才。

在这个过程中，我深刻体会到传承与创新之间的辩证关系。传承是基础和前提，只有扎根于深厚的文化底蕴之中，才能保持学校的独特性和生命力；而创新则是动力和源泉，只有不断开拓创新，才能适应时代发展的需要，推动学校不断向前发展。因此,我将继续秉承这种理念,与唐校长和全体师生共同努力,为康城学校的未来发展贡献自己的力量。

五、展望未来,梦想的彼岸

在康城的几年,我深刻感受到了康城学校独特的文化魅力。学校注重培养学生的综合素质,强调"以人为本,全面发展"的教育观。康城学校校园文化的核心是:自我进取、自我发展的人生观;学生学校至上、凝心聚力、共赢共进的价值观;成就学生、成就他人、成就学校即成就自己的崇高职业信仰。培育高品位的校园文化,打造高品质的校园文化活动,营造高质量的校园文化生活,在当今学校建设中显得尤为重要。学校不能仅有漂亮的校舍、美好的校园环境,而是需要校园中所有人去不断地美化和维护。康城学校逐渐形成了一种师生不断地通过课程和活动,建设共同认同、共同享用的校园精神,这种精神既可以凝聚人心,又能给身在其中的人一种成长的推力。作为一名管理者,就是要不断地去建设这种文化,去发扬这种文化,去传播这种文化。

以唐校长撰写的《营造学校文化的"魂"》一文作为实例,上海市康城学校以校园文化为载体,搭建了学生成长平台,将德育目标贯穿校园文化建设始终。如六一大队集会前,护旗队、举旗手一遍又一遍地认真练习,从一个口令、一个动作到流畅完成整个队仪式,他们在不知不觉中锤炼了自身的意志,培养了自身的品质;六一集会中,精彩的节目会演、师生的颁奖活动,两个校区都做到了全员参与、锻炼自我,展示自我,成功自我,这些无一不是对"健康校园,理想康城"的诠释。康城学校能够按照学校自身的实际来打造属于自己的文化特色。因此,学校文化才能够扎实落地,落在师生的心上,落在师生的行动中。"天天进步,天天发展"的良好校风在学校各项活动中充分地展现了出来,整个学校充满了正能量。

展望未来,我深知康城学校的发展离不开全体师生的共同努力和社会各界的关心支持。我相信在唐校长理念文化的引领下,在制度文化的托举下,在全体师生的共同努力下,"五大"育人目标,即"大德育——铸魂、大体育——育根、大语文——奠基、大科创——创思、大中国——修身"为核心的"两个有所"一定会实现。我相信,康城学校的明天一定会更加美好。作为学校的一员,我将以更加饱满的热情、更加坚定的信念和更加务实的作风与全校师生共同书写康城学校更加辉煌的篇章!

感 恩 遇 见

赵 敏

站在教育生涯的尾声，回望自己 35 年的教育征程，虽然经历了许多困难和挑战，但是却收获了不少学习、历练和成长的机会。

因为教育，我收获了最真挚的师生情；因为教育，我的人生更加美丽与丰盈。1989 年踏上工作岗位担任班主任，1993 年担任少先队总辅导员，1999 年负责学校德育工作，2008 年康城学校成立后负责学校"大德育"和小学部德育工作，2015 年到校务办负责家庭教育和学校评价等工作。虽然有时候会觉得工作中有很多力不从心，觉得"压力山大"，甚至希望早点"逃离"，但当真正静下心来时，又觉得自己很庆幸是一名教师，即便有很多难以言说的辛苦，但似乎更多的是工作带给我的快乐和享受，"辛苦但心不苦"。

35，一个再平常不过的数字，却给了我无尽的感悟！站在岁月长河，回首从教之路，我只能说感谢当初的选择。即便我没有轰轰烈烈的事迹，没有太多引以为傲的成绩，但我可以坦然地说工作中我从来没有懈怠。因为我一直秉持：在自己职责范围内的就脚踏实地认真负责，不在自己的职责范围之内，只要是力所能及的也应尽心尽力，感恩各种不同的岗位给了我多样化的锻炼和思考。我努力践行"对得起每一位学生，对得起每位望子成龙、盼女成凤的家长"。看着昔日的学生带着自己的孩子到我面前郑重介绍"这是爸爸、妈妈的老师"时的那份幸福让我庆幸我是一名教师。

面对一群群鲜活的生命，我常想：教育应该是一种生活、一种经历，更应该是一种体验。因为在这里浸润着爱，渗透着情！面对课堂，我们的喜怒哀乐影响的是每个学生的一天甚至一生。我们的一颦一笑或许能成为一种神奇的力量，带给孩子们天天进步的风，为他们扬起天天发展的帆。

我是一个平凡的教师，却很有可能影响着孩子抑或一个家庭的现在和将来。我知道，我们工作的价值不可能以金钱来衡量，因为我们付出的是爱，是真诚！面对这样一份事业,需要我们拥有阳光一样的心态,珍惜同事间彼此的缘分,给学生以温暖和关爱,给家长以指导和希望。我更知道,教育不仅是对知识的传递,更是对未来的铺垫,它能够改变一个人的命运,也能够改变一个国家的未来。

当我们在心底播下一颗颗充盈着希望的阳光一样的种子时,美丽的不仅是我们自己的心情,更将成为孩子们灿烂心空的雨露甘霖,成为照耀家长们美好愿望的一缕阳光。

感恩遇见康城,庆幸自己是康城的一分子。因为这里有默契合作、凝心聚力的工作团队;有极具创新意识、细致而工作踏实、雷厉风行的领导班子;有工作尽心尽责、激情满怀、精心倾注的康城人。我在团队中感受集体的力量,在合作中体验成功的喜悦,康城的十六年值得每一位康城人骄傲和自豪!

> 十六年的努力成就满园桃李,
> 十六年的执着迎来花开遍地。
> 湛蓝的天空写满阳光蜜意,
> 亮丽的校园处处馨香流溢。
>
> 时光的脚步我与康城有幸共度,
> 岁月的流逝我和康城有幸共舞。
> 喜悦、憧憬、梦想、感悟,
> 给予康城人幸福体验无数。
>
> 十六年足迹相伴心潮激荡,
> 十六年心手相牵扬帆竞航。
> "五大"实践迎来嘉宾满堂,
> "三珍三自"共育康城梦想。
>
> 默默奉献,呵护每一株幼苗茁壮成长,
> 通力协作,助长每一片绿叶闪闪发光;
> 凝心聚力,孕育康城学子成功的希望,
> 博采众长,续写康城灿烂美妙的乐章!

雁

陆 敏

从入职康城的第一时刻起,我就记住了唐正权校长说的"打造'诗意'康城,让师生健康成长"的办学目标。何谓"诗意"? 我第一感觉想到了"雁",想到了元好问的《雁丘词》!

一、浪漫与诗意的自然"雁"

"问世间,情是何物,直教生死相许? 天南地北双飞客,老翅几回寒暑。……"那年,元好问赴并州府试。在路上,他遇到一个打雁的人。那人说:"我今早捕到一只雁,已把它打死。另一只本已逃出罗网,竟悲鸣不肯去,后来撞到地上自杀了。"猎人不懂,可他懂。他怀着难言的感慨向猎人买了这两只死雁,把它们合葬在汾河岸边,堆起石头作标志,称之为"雁丘",并写了这首《雁丘词》。

这是一个凄美的爱情故事,在我看来,这样的爱情惊天动地,够浪漫、够富有诗意!

二、目标明确的"康城雁"

雁实在是不寻常的!

"一会儿排成人字,一会儿排成一字",南飞北归,长途跋涉,几千公里,飞行一两个月,它们的毅力与决心令我叹服! 而更令我敬佩的是它们的团结协作。正是它们的团结协作,让它们得以飞那么远,得以梦想成真。

据说鸟类飞行时,翅膀尖端会产生一股向前流动的气流,叫作"尾涡"。后面的鸟利用前面的"尾涡",飞行时要省力得多。雁群飞行时所排列的队形,正是适于对

"尾涡"气流的利用。大雁越多,雁飞起来就越省力气。由于领头雁无"尾涡"可利用,最为辛苦,所以雁群队形经常变换,其作用正是为了轮换头雁,使它别太受累。

由此,我想到了:

利于雁群长途飞行的队形,我们似乎已有,头雁,好像也有,行政干部、学术委员会、骨干、导师、教研组长、年级组长、备课组长、经验丰富的教师……雁群要飞起来,要飞得远,头雁的引领作用是极重要的。所以这些头雁首先要真正发挥其作用。头雁间的轮换带头,既是他们相亲相爱的表现,也是为了同一梦想,同心协力的具体表现。

当然,既是头雁,你必须目标明确,且有清晰的实现目标的路径,如此雁群才能执着地跟你飞翔,否则盘旋、徘徊,如此耗费体力,也失人心。

三、不忘初心的"领头雁"

在做康城行政的这些年,我始终坚持在自己的岗位稳步推进各项工作,不忘初心,牢记使命。

如各年级组,首先应明确德育为先,重视对学生的品行教育,唯学生思想端正了,教学才有意义。在对六年级学生加强行为规范教育,对七年级学生强化行规的同时,应注重青春期生理、心理教育;八年级在此基础上,应特别关注这一学段学生叛逆的心理特征,做好学生的心理疏导,加强感恩教育;九年级马上面临中考,应加强理想主义、责任意识的教育。明确了各学段的教育目标,然后还须设计系列活动实现并强化之。

又如每个教研组可根据本校学生的特点,针对教研组在本学科上的弱势,进行课题研究。既是形成本学科的特色,又是发展、优化本学科的途径。不要为搞课题而搞课题,形式主义要不得,我们不需要急于形成文字,我们要的是提高成绩与效率,这才是我们真正需要的成果,有了实践经验,再去形成文字经验,不是顺理成章,也更有说服力吗?

头雁最清楚大雁越多,产生的向前流动的"尾涡"越强,雁飞起来就越省力。对于我们不也一样?学校的发展只有集众人的智慧与力量,才能发展得更好、更快,否则光靠头雁,岂不要累坏了他们? 头雁要做的除了引领,还要真心保护、全力帮助群雁,如此雁群必紧跟着飞翔。

那么作为群雁，我们该做什么呢？相信头雁，紧跟头雁，于是雁群可以按时飞达目的地，质疑、不紧跟头雁的，成了孤雁，结局可想而知。所以，既已选择相信、紧跟、飞翔，那么就让我们怀揣同一梦想，张开我们的翅膀都结伴努力飞翔起来，在属于我们的天空，飞舞出自己最美的身姿。

由诗谈再生

顾明洁

"四十年来画竹枝,日间挥写夜间思。冗繁削尽留清瘦,画到生时是熟时。"这首郑板桥的《题画竹》,写出了他在一生艺术创作生涯中的感悟。看到这首诗时,其深邃的意义引起了我内心强烈的共鸣。我深切地感受到这首诗中所蕴含着的文化内核与康城的校园文化核心是契合的。

对照我本人,作为一名老教师的自我修炼与成长又何尝不是如此呢!郑板桥说自己画竹有三个境界:先是眼中有竹,然后胸中有竹,最后胸中无竹。联系到教育教学,一个新教师,他对于教材、教法的理解和掌握都较为生疏,唯有通过自身勤奋的钻研、磨炼,才能慢慢做到熟练运用。那么对我们教了多年的老教师来说,要由熟再回到生,这是更难的一种境界。我所理解的"再生",其实就像是诗中所描述的那样,达到"教到生时是熟时"。这里的"生",是生机盎然、生机勃勃,亦是再次焕发新的生命。怀揣着"生"的精神,我始终坚持以康城学校"营造诗意、健康、和谐、共赢共进的学习型小社会"这一办学目标为教育教学指南,在加强自我进取与自我发展的同时,致力于为打造理想康城贡献一份力量。

一、依托课题,更新理念

2013年我校立项的市级课题《新型城郊学校构建0—6青年教师阶梯式发展机制的实践研究》,正式开始实施。整个教师队伍在唐校长等校领导的带领下,抓住机遇,紧紧围绕"实施素质教育,关键是培养高素质人才"这一主旋律,不断更新教育理念,在实践中探索,在探索中实践,从上到下,形成一套有序的、科学的、阶梯式的教师发展机制。

二、依托1+3工作室,带教青年教师

"1+3微工作室""三珍三自课堂教学模式""课堂班主任实践与研究"的孕育而生,无疑让我们老教师有了一次"以活动为载体,在引领中再生"的机遇,也为实现康城核心价值观——"学校(学生)至上、凝心聚力、共赢共进"提供了一个更广阔的实践平台。

在"1+3微工作室"中,我作为导师,深感压力与不足。团队中的张清老师、陆雅婷老师都是学校的青年骨干教师,自身都有过硬的基本功、扎实的教育教学能力。"学如弓弩,才如箭镞,识以领之,方能中鹄。"作为一个老教师,不能停滞不前,必须通过学习修炼使自己成为一个孜孜不倦的好学者,通过心智修炼使自己成为一个教育智慧者,方能起到引领的作用。在此期间,我积极参加骨干教师的培训,参加黄卫群名师工作室学习,积极开设区级公开课,发表论文等。我还围绕学校的育人目标和办学理念确定活动内容、开展交流,激励和促进青年教师不断进取,提高综合素质,为青年教师在师德、教学、学校与班级管理等方面进行交流与学习建构平台;以专题学习、集体读书、反思交流、聆听课堂、微课教学、科研方法及班级管理培训等多种形式进行活动;采取集中与分散相结合、导师指导与学员自我实践相结合的形式,本地观摩为主的工作方法指导青年教师。在康城的"天天进步,天天发展"学习氛围中,两位青年教师迅速成长,除了教学成绩名列前茅,也走上了行政管理岗位。

作为基地学校的导师,2013—2024年期间,我带教了很多外校和本校的见习教师,在带教期间充分发挥出康城带教特色——双导师作用,达到"1+1>2"的效果,在"磨、扶、赶"中行为跟进,见习教师在康城校园文化的浸润下觉醒和成长,在实践锻炼中收获与提升,许多教师获得了优秀学员称号。同时在这个相互学习的过程中,我也被青年教师活跃的思想、开阔的眼界、勇于创新的精神深深吸引,把他们的优点运用在自己的教育教学中,突破教学瓶颈期,与他们共同进步。

三、依托SS,做好"课堂班主任"

SS"课堂班主任"理念的提出,让每个任课教师树立课程育人意识,树立"教学

先教育，备课先备人"的育人意识和习惯。作为一个课堂班主任，不仅是学生学习上的指导者，而且是思想品格上的引路人，不仅要让学生成为有知识、有文化的人，更要让学生增强珍惜、珍爱、珍重的意识，并养成自主、自信、自强的独立人格。为了帮助教师更好地成为思想传递者和心灵对话者，教务处专门组织了"课堂班主任实践与研究"的交流会，很荣幸，我被邀请参加了这次交流会。在会中我围绕梁晓声关于文化的解释——根植于内心的文化修养，无须提醒的自觉，以约束为前提的自由，为他人着想的善良——进行展开，列举了多个案例。通过这次活动，我深感作为一个老教师，一定要做好那个接力棒，用我们自身的经历和经验，起一个示范作用，告诉青年教师，课堂班主任所做的就是运用敏锐的课堂观察力和教育的智慧，将学生出现的问题转化为机会，这既是一个教育、帮助学生的良机，也是教师不断修正自我，不断进步的契机，要做到严慈同体，管教同步。用我们的一点点努力会换来孩子们日益增长的"觉知力"，而这种"觉知力"会促使他们最终成为自主、自信、自强的新时代新少年。

老教师的再生，不仅是技艺的精进，也是对于生命的投入和投入方式的重生。生，其实是对当前自我的否定，由生到熟，再由熟到生，就是不断否定自己，不断上升，不断突破，再次焕发新生命。而这也正是康城学校所一直倡导的文化核心所在——成就学生、成就他人即成就自己的崇高职业信仰！

守初心　育"全人"

蔡学英

时间如白驹过隙，弹指一挥间，我在康城已经有 16 年了。16 年来，我一直在学校的综合处，岗位未变，但思考却从未停止。"综合处"，顾名思义，是学校各项工作的综合，是学校培养目标的实践场域，更是康城学子风采展示的出口。近年来，教育领域提出了"五育融合"理念，即：素质教育、智慧教育、美育、体育和劳动教育的有机融合。这一理念要求学校在教育教学中全面发展学生，使其在知识、技能、情感、态度和价值观等多个方面得到培养。而在此过程中，学校综合处起着非常重要的作用。在这一背景下，学校发展需要有新的"思"与"行"。通过承办学生感兴趣、家长能支持、学校能引领的各种活动，能够实现从"单一育分"到"全面育人"的转变，能够培养学生的审美能力、激活学生的创造能力及适应社会的关键能力。

一、我们的"思"考

"培养什么人，为谁培养人，怎样培养人"是党的教育方针始终聚焦的三个根本问题。其中"培养什么人"是指培养德智体美劳全面发展的社会主义建设者和可靠接班人。为了实现这一宏伟目标，"五育融合"的育人理念应运而生。我校唐正权校长提出的"大德育、大体育、大语文、大科创、大中国"五大育人理念与此有着异曲同工之妙，也给了我们一线教育者一些思考的角度。首先，我们需要思考如何将传统的学科教学与跨学科素养培养相结合，推动学生全面发展。其次，我们需要思考如何通过信息技术手段，实现个性化教育，满足每个学生不同发展需求。再次，我们还需要思考如何引导学生树立正确的价值观和人生观，培养他们的社会责任感和创新精神。最后，我们应该思考如何通过活动培养学生一些真正的能力，能够有用，而不是为了活动而活动，加重学生的负担。

二、我们的"行"动

在"思"的指引下,学校需要在实践中不断探索与改进。首先,通过优化课程设置和教学方式,让学生在学科学习中培养跨学科能力和创新思维。近年来,我们通过举办体育节、文体艺术节、科技节等,来培养学生的综合能力。通过制订适合我校学生实际能力的活动方案,来设计形式多样、序列化的活动,力争让每个学生都能参与,并且设优秀个人奖和优秀组织奖,学生参与的积极性较高,作品质量也有很大的提高。其次,我们也紧跟时代的发展,加上一些科技元素,引领学生站高望远。比如借助人工智能技术,组织学生进行科技脱口秀和科普征文活动。最后,学校还可以组织丰富多彩的社会实践活动,引导学生深入社会、服务社会,培养其社会责任感和实践能力。未来我们打算通过构建跨学科融合实验课程,促进学科之间的有机连接;利用大数据分析与个性化学习模型,实现个性化教学的落地。

除了工作之外,我还注重对青年教师的引领和培养,给他们搭平台、压担子、指方向。比如张清老师,从刚来时的干事,到现在成为能够独当一面的得力干将;还有俞智闻、顾颖等,他们在综合处,都得到了很好的锻炼和成长。他们的表现,让我感到无比欣慰。

三、结语

能在康城综合处这个平台上,扎实做了 16 年,我深感荣幸。从最初的艰辛摸索,到现在的稳定发展,既得益于校长先进办学理念的引领,更是康城人"凝心聚力、共赢共进"的印证。作为教育引领者,我一直在不断探索,不断实践,不断调整,尽自己最大力量为学生的全面发展搭建更加丰富多彩的舞台;通过做好学校的科技文体艺术体育综合文化节,让更多学生在"五育融合"理念下取得更好的发展。上级"科创指数、体育指数、艺术指数"等大数据平台的建立,说明教育主管部门对学校各级各类活动将实行更精细化的管理,也从一个侧面反映了学校体艺科教育对学生成长的重要性,学校办学理念和重视程度也将随之体现,这也给综合处工作提出了新的挑战。但无论如何,我都会守住育人初心,在育"全人"中砥砺前行。

浅谈青年教师在康城育人氛围中的公平、健康成长

顾建军

观看过一档综艺节目，嘉宾们与赵传就《我是一只小小鸟》这首歌进行了讨论，其中有一句话给我留下了深刻的印象——"虽然你是一只小小鸟，但你却拥有整个天空"。我想，用这句话来描述学校青年教师成长的现状，以及学校对他们的期待是非常恰当的。下面从两个方面来总结一下小学部在促进青年教师公平、健康成长方面的实践与探索。

一、人人有机会学会"飞"

随着学校青年教师队伍的不断壮大，为了让青年教师更快进入状态，更快成长，学校提供给全体0—6年的青年教师公平成长的机会——学会"飞"。教务处对全体青年教师提出了教学的基本规范，如进课堂"三知"：知道本教时的主要教学目标及要达到的教学效果；知道本教时要使用的主要教学手段、方法；知道本教时的检测点。进课堂"三要"：要求学生读的自己先读一遍；要求学生做的自己先做一遍；PPT等课件、音视频文件预先放一遍。还为每位来到康城的青年教师安排学科带教师父，明确带教职责与任务，如定期完成师徒双向的随堂听课，做到全覆盖、提建议、观改进、建档案，着眼点在于学科教学的基本方法的掌握，以及课堂教学在原有基础上是否有了改进与提高。这些工作措施的落实，实现了帮助青年教师成长的"三个尽快"——尽快适应教师工作，尽快熟悉教育教学业务，尽快提高教育教学水平。

二、人人有空间能够"飞"

青年教师大多都是独生子女，刚刚从被别人"管理"的环境中出来不久，现在要

让他们直接参与到管理者队伍中,必定要经历一个适应、冲突、融合的过程。

教学方面,教务处在 2013 学年正式启动了"教研员带教"工作,聘请陆耀芳、张展红、丁明娟、吴建新等学科教研员来校蹲点带教,带教的主要对象以在学科教学评比中脱颖而出的佼佼者为主,也适当兼顾了其他青年教师,基本做到在两三个学期内覆盖所有青年教师。为了提高带教活动的实效,我们一方面要求本学科所有青年教师共同参与,另一方面也提出了"三题""三疑"的具体做法。

"三题",即活动有主题、上课带问题、活动后布置思考题。

1. 活动有主题。每学年围绕校、区级教学要点展开,如"基于课标的教学与评价""课堂班主任""SS 课堂教学模式"研究等。

2. 上课带问题。带教过程强调"发现问题、解决问题"的带教方式,所以带教课一般不做事先反复的磨课,呈现的是原生态的随堂课,一方面能让教研员看到更多问题,有利于被带教者的成长;另一方面也利于参与活动的其他青年教师看到被带教者课堂改进的全过程,以便他们在同一起点上共同提高。

3. 活动布置思考题。在活动过程中,针对执教教师在教学设计、课堂教学、说课等环节中暴露的问题,先抛出问题引导思考与讨论,"逼迫"听课教师动脑思考,启发执教教师积极反思,评课落实"一人一言",即每位听课教师先就课的一个优点、须改进点发表自己的想法和见解,教研员最后再进行点评与总结。教研员还在每次活动中为全体参与教师布置"思考题",即根据研讨结果动手修改执教教师的教案和课件或进行文本、板书的再设计等,体现"一人一改",提高参与度,教师反映每次活动都收获很大。

另外,依托"浸润式"教研模式,通过落实"三疑",即"研前寻疑、研中说疑、研后答疑"的带教思路,提升全体新教师参与度,体现人人有提高的空间。

1. 研前寻疑。每位参与听课活动的新教师要预先熟悉听课内容,根据研讨主题进行预先备课,并找出自己碰到的 1—2 个问题,由学科组长汇总后交教研员,待活动中进行解答。

2. 研中说疑。带着问题听课,认真记录,边记边思,寻找解决问题的方法;在研讨中大胆说出自己的问题,认真倾听同伴与教研员的解答,并做好记录。

3. 研后答疑。根据同伴与教研员的疑问解答,先在 QQ、微信中进行人人参与的网上研讨,并完成一篇书面教学反思(包括:我的问题,执教教师的处理,同伴、教研员的建议,我的实践或思考等板块内容)。

小学部在促进青年教师公平、健康成长方面的实践与探索，充分体现了教育的初心和使命。在这里，每一位青年教师都能够感受到"海阔凭鱼跃，天高任鸟飞"的自由与激情，他们正以满腔的热情和无限的潜力，书写着属于自己的辉煌篇章。相信，现在的和未来的青年教师都将在康城这片沃土上飞扬青春，吐露芳华。他们虽然还是小小鸟，却将飞得更高并真正拥有整个天空。

做一个永远的读者

倪樱姿

从教 20 多年来,我始终感到教师的人生就是教书和读书。

苏霍姆林斯基在《给教师的建议》中说:"教师的成长之旅是一次漫长的心灵之旅,这个旅程是从阅读开始的。"我最喜欢这本书中关于那位历史教师"用一生准备一节课"的故事,它时时告诫我要和书籍结下终生的友谊,提醒我做一个永远的读者。

一、读书让我们的教育理想高远

著名作家林清玄对于"窗子"和"镜子"有过精彩的比喻:"一个人面对外面的世界时,需要的是窗子;一个人面对自我时,需要的是镜子。通过窗子才能看见世界的明亮,使用镜子才能看见自己的污点。其实,窗子或镜子并不重要,重要的是你的心,你的心广大,书房就大了,你的心明亮,世界就明亮了。"

高品位的书,是我们的"窗子",透过这扇窗,我们语文教师可以跟大师们倾心交谈,享受精神世界的缤纷多彩;同时又是我们的"镜子",拿镜自照,可以看见自己在思想境界、认识水平等方面的差距。

> 总得有人去擦亮星星,尽管多么遥远、多么艰难。作文讲评课,就是那颗遥远的星星,我正搭着摇摇欲坠的梯子,擦那颗灰暗的星。你看到了吗?
>
> ——管建刚

是的,我看到了,我看到了一个坚定地攀爬着梯子,执着地擦拭着那颗灰暗的星星的人。

管建刚，江苏省特级教师，一个很有特色的特级教师，一个擦亮星星的人。

很多年前，我在《小学语文教师》杂志上读到了管建刚，钦佩于他对作文教学孜孜不倦的追求。很多年后，我又在《我的作文评改举隅》《我的作文教学革命》中与他相遇，依然为他在作文教学上的执着深情感动。

总会有一个擦亮星星的人，他用他的课、他的书、他的文章，一点一点地改变着我们的思维，改变着我们的行为，让作文教学这颗灰暗的星星渐渐变得明亮起来。

二、读书能厚积我们的文化底蕴

教师是我们社会中一个庞大的知识群体。作为"知识群体"的教师，读书应是分内之事，既是文化底蕴积淀的渠道，又是生命成长的必由之路。

> 我不敢对我们过于庞大的文化有什么祝祈，却希望自己笔下的文字能有一种苦涩后的回味，焦灼后的会心，冥思后的放松，苍老后的年轻。
>
> ——余秋雨

拜读了余秋雨《文化苦旅》，随心所欲地慢慢翻阅，与耳边的喧嚣隔绝，留下一片心灵净土，啜饮着文化的甘泉，印刻着行旅的记忆。

余秋雨走在中华民族的土地上，用其独特的观察力和洞悉力去深思这古老民族的深层文化，品尝苦苦的味道，别样的滋味。

宋代理学家朱熹有《观书有感》："半亩方塘一鉴开，天光云影共徘徊。问渠哪得清如许，为有源头活水来。"

只有知识的涓涓"活水"潺潺注入，才能源源不断地浇灌学生的心田。

三、读书让我们的教育人生幸福

清代诗人萧抡谓《读书有所见作》诗云："一日不读书，胸臆无佳想。一月不读书，耳目失清爽。"

静心读书，读出弦外之音、象外之意，自然生出"佳想"，陶冶出"清爽"。多读一本书，多一种经历，能增强一份生命的强度，对自己从事的工作也可以多一点从容与自信。

　　一间教室能给孩子们带来什么，取决于教室桌椅之外的空白处流动着什么。相同面积的教室，有的显得很小，让人感到局促和狭隘；有的显得很大，让人觉得有无限伸展的可能。是什么东西在决定教室的尺度——教师，尤其是小学教师。他的面貌，决定了教室的内容；他的气度，决定了教室的容量。

——雷夫·艾斯奎斯

　　打开《第56号教室的奇迹》就久久不愿放下，这位20多年如一日，坚守在第56号教室的雷夫老师，是个在教育中总能准确找到目标，从不偏离跑道的人。他对教育和学生有信徒般的坚持、父亲般的亲切，还有哲人的敏锐、专家的自信、战士的勇敢——他拥有智慧，拥有力量，所以他创造出奇迹。他的第56号教室变得无比开阔，变成一个任由孩子们自由舒展，健康成长的乐园。对雷夫来说，教书是一件让人觉得幸福的事。

　　当我们从书中积蓄够了力量，以丰富的文化底蕴让学生明志，以一脉书香让学生致远，于挥洒自如中显现出教师的潇洒，于游刃有余中流露出教育人生的幸福……

　　青年教师们，请回头看看最初的起点，然后带着一个更从容的自己，走上漫漫的求索道路，请做一个永远的读者！

教育面前，身份的更迭

林跃华

转眼间，康城已走过 16 年。回头看看，千言万语，感慨万分。自己 1991 年从上海市第六师范学校毕业，到现在教书育人 33 年，感觉时间很快，是因为自己对教育这个职业的喜欢，喜欢和孩子们相处并一起成长……送走了一批批的学生，又迎来了一批批的新生，坚守着自己的初心，很快乐。身边同事的更迭：从我的老师、师父、前辈慢慢变成了我的后辈、徒弟、学生。我的个人身份也升级成了爷爷，抱起小孙子的那会儿，我问自己：如果再给我一次教育孩子的机会，我会像当初教育儿子时一样吗？

答案显而易见，但转念一想，一代人有一代人的任务和使命，以他爸爸妈妈为主吧，我们辅助进攻，配合为主。在工作中亦是如此，我们这些即将退休的教师，学历落后，知识不精，互联网技术迟滞，唯有经验无价。我感觉唐校长的意识又是超前了，从我校"一代中师"的提炼，到这批优秀的师生都将慢慢离开三尺讲台之际，鼓励他们把最好的、最有价值的留给后来者，让他们更快更好地成长……

综观这些青年教师，虽然统称青年教师，但我觉得不够贴切，我把他们大致分成三类：一类以我校陆春慧、陶丽娜、曹燕君、周海萍等老师为代表，已经茁壮成长起来，能够独当一面，对她们而言，走出去，去区市级平台学习更适合；第二类如马玮琦、沈李君、张羽等老师，已经有了稳定的教育素养，还是要不断学习，吸收老教师的教学经验；第三类，就是潘雯、范智伟、朱枭、徐珂星等老师，由于教学时间较短，专业又不对口，所以这些教师要雕琢的余地很大，我们越有侧重地多传授，对他们的帮助也越大，而且新教师 0—3 年的定性期，至关重要。

2023 学年第一学期一开始，新入编的数学教师潘雯和徐琦雯被分入了我们三年级数学组，开始一直没有明确的安排。于是我和王家唯、张俊老师主动承担起带教任务，手把手教，自己上一节课，然后让她们模仿上一节……新教师最容易犯的错误就是把学生想得过分强大，对知识缺少前后连贯的理解，容易片面地、独立地去分割理解，不注重连贯和基础平台的现有水准，会无限去拔高。

记得刚刚做老师的时候，苏家琪老师跟我们说了一个他曾经犯的错误：由于一直教高年级数学，有一次由于教务处在教师的安排上实在困难，就让他教了一年级，没想到一本数学书，一个学期的知识点，被他两个星期全教完了，理由是太简单了，实在太简单了，很容易。拿这件事跟青年教师说，不是扬家丑，是为了避免他们犯同样的错误，不能因为知识太简单而教得太简单，需要注重学生的实际情况和知识的起点，一步步地和他们一起去深入地学习，要把自己降低到和你的学生同样的水平，知道再碰到这个学习上的问题，我们该怎样利用已有的知识去解决它。

教学是一个漫长的过程，只有不断地学习，才会看清前面的路。青年教师需要老一辈的引领，以后自己成了老一辈，再去引领年轻人，这也许就是教育的意义，这就是教育事业的千年传承吧……

与青年教师聊聊专业发展"那些事"

邵菊芳

如今的青年教师是非常幸福和幸运的,因为能够提升专业发展的平台有很多。但一定要珍惜这些机会与平台,让自己有所进步、有所发展,而不是被动地应付。下面我想和大家谈谈我的真实感受。

一、我的培训经历和感悟

有一年,经教务处推荐,我和另两位老师参加了市里的英语教师培训名师班。每周三下午,我们风尘仆仆地赶到市区或遥远的其他郊区参加讲座或观课、评课,还要分组进行集体备课并推选学员上课,等等。那段时间真的是非常繁忙,可是看到了一些好课,听到了中考出卷老师的讲座,参加了与其他学校老师的集体备课,大家一起交流,就感到自己没有颓废,没有退步,还是有着一股热情的。

又有一次,我有幸参加了浦东新区"农村优秀教师定向培养"团队,它带给我一些不一样的感受。首先,在开班仪式上,教发院为我们请来了全国语文特级教师于漪老师。能够目睹这位偶像级人物的风采,听到她曾经热血的青春岁月中的教育教学经历,实在是对我们精神上的莫大鼓舞。

其次,要说说我们的导师:教研员王老师和某中学的项老师。两位老师给了我和其他学员一样的感受:既要求严格又不乏亲切关爱。严格在对我们全体学员专业发展的要求上,严格在每次的培训都有准备作业和反思作业,每学期还要到外校开课,还严格在呈现给我们的最终的考核标准中。关爱,在于愿意提供给学员任何她们力所能及的帮助,如署级、区级公开课,论文发表等。我感到她们是真心为我们一线教师的专业发展做实事的。的确,很多时候,我们是需要有人在后面推一把才会去开始,才会去尽力。

还有一次，我看到校园网上挂出的"国培计划——骨干教师高端研修项目远程培训"，就抱着试试看的想法报了名。因为想着自己好歹曾经获得过区级、市级德育方面的奖项，也参加过区里基地学校的导师团，负责过我们三大课题中的子课题，并一直在参与学校的课题，所以还是有些底气的。幸运的是，3月初我收到了录取通知，所以一直在研修网上参与该课程"工作坊"的学习。

　　诸如此类的一些学习平台，提供给我很多的发展机会和空间。虽然学习任务是繁重的，可在这过程中产生的收益也是巨大的，那就是自身专业的进一步提升，同时也能以更好的状态走进教室吧。

　　似乎有的机会就这样来了，可归根结底还是自己在努力的过程中，逐步产生的后续效应。所以接下来还得跟大家聊聊怎么运用好学校提供的，甚至是自身的发展平台。要谈这一点，我就需要列举我的三个"徒弟"了，因为从她们的成长历程大家也可以看到自己的成长过程中的些许影子，若能带给大家一些启发就更好了。

二、我的带教经历

　　小H是我工作第6年带教的，她是一个很细心又踏实的女孩，跟了我整整一个学期。第一阶段是每天跟我进课堂，课后自觉帮我批作业还跟我一起补差。第二阶段，是让她在听完我第一个班的课后到另一个班去上，这时就发现她的语音语调很是有问题，于是布置给她多听录音模仿发音的任务。第三阶段是让她自己设计课堂，结果又发现她还没有形成自己的思路，一直要不断征询我的意见，于是我总是加以指点。到最后要上汇报课了，必须要她独立完成时，她还是思路混乱、重点不清。如果说这个可以等待她逐步成长，那么她的语音语调一直没有多大的改观，成了她无法胜任教师这一职业的最大障碍。小H后来去了大学城的一所学校做行政助理，这份工作反而是适合她的，干得很好，自己也开心。所以我们都要明白：并不是你付出了就一定会有回报，而没有回报也并不意味着就此结束，可能另有一处已经为你开启大门，因为你毕竟是在努力着的。

　　小Q是我工作第8年时收的徒弟，她来的时候毫无教学经验，但是这小姑娘有当教师的天赋。她也在我办公桌旁坐了将近一个学期，一开始也是跟着进课堂，帮着批作业。过了一段时间，她也是听了一个班的课，到另一个班去上。她的语音听着就舒服，而且上课也有自己的思路。虽然她更喜欢进我当班主任的那个班，因为学生总体比较乖,但我有时还是让她进那个让她有点难于掌控的班级。她虽然嘴上叫着,却也能把课一节一节好好地上下来。还记得我因家里有事请假的几天,把两个班的教学和自己班的班级工作都交给了她,她照样干得让我省心、学校放心。

小M是我工作第11年时带教的徒弟,她搬了把椅子在我旁边坐了将近一年。此时,我已经感到自己退化很多,而上外毕业的她,在语言专业知识上绝对比我强。我们之间可以说是互相学习:她学习课堂设计、课堂掌控、班级管理,我也欣喜于她跟我的思维碰撞产生的火花。小M很有灵气,也很有自己的一套思路,这是我对她一直不变的看法。我是一个喜欢给学生养成规矩的老师,而不喜欢放学后把学生留下来就为了默写几个单词、几个词语。所以小M受到我的影响甚至是鼓动,也是遵循这一条原则的。可是没想到真正开始上岗的时候,这个小徒弟吃了很多苦!首先,她不是班主任,没有班主任效应;其次,她太过善良温柔,学生反而强悍,难以养成规矩。于是,她很苦恼,压力也是无限大,一直采取种种改进办法以致每天都要7点多才下班回家。然而无论如何,经过一年的历练,重新带班而且任班主任的她从一开始就感到对自己、对工作有豁然开朗的感觉!一个学期下来,她教学、育人工作两不误,相辅相成,取得的成绩有目共睹。对此,我感到很是欣慰,并为她深感骄傲,相信她在专业上凭借自身的努力能够发展得越来越好。

介绍这三位年轻教师的成长故事,不知大家是否体会到了,其实除了学校的带教老师,区级、市里的各类培训课程,我们每个人才是自我发展的最大平台。每个人都有自己的发展优势,关键在于如何发掘、发挥好自己的优势,形成自己的特点,并在专业发展的道路上,"天天进步,天天发展"!

康 城 有 我

——从初出茅庐到教育多面手

张　清

　　蓦然回首,惊觉自己的教育之旅已悠悠走过近 14 载。岁月如梭,其间的点点滴滴如诗如画,令人感慨万千。忆往昔,我尚是一个稚气未脱、初出茅庐的青年,怀揣着对教育的一腔热情,踏上了这条神圣的职业道路。如今,经过岁月的洗礼和不断的努力,我已在教育事业上取得了稳定的进步。在这一过程中,我要向无数的人和事表达由衷的感激。感谢那些在我成长道路上给予无私帮助与指导的师长和同人,他们的智慧和经验为我点亮了前行的灯塔。同时,我更要感谢康城这个充满活力的平台,它为我提供了一个广阔的舞台,让我能够在这个充满挑战和机遇的环境中自由成长、展翅翱翔。

　　站在这个新的起点上,我决定对过去的经历进行一次深刻的梳理和总结。我要回顾那些成功的经验和教训,把它们化作前行的动力,为未来的教育事业继续努力奋斗。我坚信,只有不断学习和进取,才能在这个充满变革的时代中立足,为培养更多优秀的学子贡献自己的力量。

一、跨越学科界限,成就综合素养高的教育多面手

　　自投身教育事业之初,我便致力于多学科的教学实践,致力于在广阔的教育田野上精耕细作,不懈追求教育教学能力的卓越与综合素养的全面提升,旨在成为一名跨界融合、能力全面的复合型教师典范。在康城这片充满创新与活力的校园文化沃土上,我深受其精神的滋养与鼓舞,先后涉足劳动技术、物理、生命科学及科学等多个学科领域,以满腔热忱和不懈探索,引领学生遨游于知识的海洋。尤为值得一提的是,我积极参与了诸如"易拉罐金属画""科学的历史""建筑模型""3D 打印

建模"及"奇葩说辩论"等一系列拓展型、探究型课程。这些课程不仅极大地丰富了我的教学经历,更促使我跨越学科界限,不断拓展知识边界,同时显著增强了我的教学创新能力与跨学科资源整合能力。我的成长历程,正是康城学校"引领人、凝聚人、激励人、培养人"现代治理理念生动实践的缩影。这一理念不仅塑造了我作为教师的专业成长路径,更激励我持续探索教育的无限可能,为学生的全面发展倾注心血,努力成为他们成长路上的引路人与同行者。未来,我将继续秉承这一教育理念,为学生的全面发展贡献自己的力量。

二、公开课之旅:教学能力的磨砺与提升

我素来不善言辞,尤其是在初涉职场,面对首堂课挑战时,内心的紧张、焦虑与恐慌犹如巨石般沉重,几乎让我喘不过气来。然而,在康城这片充满活力的土壤中,我踏上了自我探索的征途。康城独特的校园文化如同灯塔,照亮我前行的道路;身边同事们的热情与卓越,更是成为我不断前进的动力源泉。渐渐地,我领悟到,公开课不仅是展现个人教学魅力的平台,更是磨砺教学技艺、促进专业成长的珍贵契机。因此,在职业生涯的起步阶段,我毅然投身于区级、校级公开课的教学实践中,无论是深耕物理的奥秘,还是探索劳动技术的乐趣,我都全力以赴。这些公开课如同磨刀石,不断雕琢着我的教学技艺,让我在反复的实践与反思中迅速成长,从一个青涩的新手教师逐步蜕变成为一位自信而富有魅力的教育者。在此过程中,我有幸荣获了市、区青年教师教学评比的多项殊荣,这些荣誉不仅是对我辛勤耕耘的认可,更是激励我继续前行的动力。我深知,这一切的成就并非孤立而来,它凝聚了康城这个温暖大家庭的支持与鼓励。在此,我要特别感谢学校领导的深切关怀与无私帮助,以及学科组、备课组内各位优秀教师的悉心指导与无私分享。正是有了你们的陪伴与支持,我才能勇敢地面对挑战,不断突破自我,最终在教育这片热土上绽放出属于自己的光彩。

三、角色转变,倾注真心为学生活动增添色彩

过去的三四年里,我踏入学校综合处这一全新舞台,我的工作重心也逐渐转移到策划与组织各种大型活动上,如体育节、艺术节、电影节、科技节及综合文化节

等。这些活动不仅丰富了学校的文化内涵,也为学生提供了展示才华、交流学习的平台。对于学校已有的传统活动,我始终保持着敬畏与热爱,致力于在原有基础上进行创新与优化,为其注入新的活力。同时,我也勇于尝试,独立策划并组织了"电影节"这样的全新活动,通过精心筹备与不懈努力,最终收获了积极的反馈与好评。这些经历不仅锻炼了我的组织协调能力,也让我更加深刻地认识到,为学生活动的成功举办付出真心与努力,是每一位教育工作者的职责与使命。康城校园文化如同熔炉,铸就了今日之我。我深知,作为其中的一员,有责任也有使命为康城校园文化的繁荣发展添砖加瓦。未来,我将继续以满腔热忱,贡献自己的力量,让康城的文化之光更加璀璨夺目。

在康城这片沃土上,我经历了从青涩到成熟的蜕变,从初出茅庐的教育新手成长为能够独当一面的多面手。康城学校,这座孕育梦想与希望的摇篮,不仅见证了我的成长,更以其独特的教育理念和深厚的文化底蕴,滋养了校园内每一个人的心田。展望未来,我将以更加坚定的步伐,继续秉持初心,怀揣对教育事业的满腔热忱,为康城的教育事业添砖加瓦,贡献我的智慧与力量。

三提升　三改变

——我在康城这块"沃土"中的改变与成长

石秀云

2013年硕士毕业之后，入编上海市康城学校，在此之前，我在安徽老师做过8年的英语教师。作为一名"独立个体"，我的专业成长不仅体现了康城校园文化的"包容大气"，更体现了康城对教师培养的"公平公正"。

一、文化浸润提升观念——"外地人"变"康城人"

校园文化不是一所学校的环境有多么漂亮，而是人与人之间的温暖和感动。入编康城之前，我曾经在家附近一所综合素质较好的学校做过一年的实习教师。这所学校的校园环境是非常美观的，但人与人之间是非常冷漠的，办公室氛围非常压抑，遇到问题的时候，也没有人能帮我，只能靠自己。一年的实习，让我对未来在上海做教师少了几分期待，多了几分畏缩。

后来，我进入康城。一开始，由于我听不懂上海话，我总是自动屏蔽他们的"嘎讪胡"，显得非常格格不入。后来，当办公室同事们意识到这一点，就会有意识地讲普通话。甚至有的时候，由于习惯，他们情不自禁地讲起上海话，看到我在场，又会马上"翻译"成普通话，也因此闹出了不少的笑话。而且在康城，无论是课堂教学，还是班级管理，甚至是与家长的沟通，大家从来不是"单打独斗"，都是"心往一处想，力向一处使"，每个人的身后都有一个"智囊团"。也许正是因为同事们的真实、真诚和真心，我很快在康城这个集体中有了"归属感"，从"外地人"变成了"康城人"。

二、理念引领提升境界——"经师"变"人师"

我一直笃信"教书"是我最擅长的事情：在入编康城的前 8 年时间里，我就靠着"一支粉笔、一本书"，让无数的学生考到自己满意的分数。也正是因为这些"分数"，让年轻的我自诩为"优秀教师"。而经过之后 3 年的教育理论的学习，似乎感觉自己又多了一项"制胜的筹码"——教育理论。在康城的第一学期，我非常努力地"育分"，但效果一般。我把我的苦恼，写在唐校长给青年教师的一封信的回信中。我本以为只是一种"交差"，然而让我意外的是，我收到了校长的回信。他告诉我"教书先教育"。那一刻，我醍醐灌顶。

随着我对康城校园办学理念越来越深的了解，我感受到：曾经的自己，不仅不是一名"优秀教师"，甚至连"合格"都称不上，最多也只能是一名"经师"（育智）。因为唐校长一直倡导：做一名优秀教师的标准，不仅是做"经师"，更重要的是做"人师"（不仅会育智，更要能育人）。这对习惯了"育分"的我来说，是一个挑战。因为"教书"对我来说并非"一张白纸"，曾经的那些"所谓的教育经验"可能会阻碍我专业成长。幸运的是，学校的理念一直引领我、改变我。我不再只关注学生的"分数"，而更关注"人"的成长，不仅尝试精通专业知识，还努力去做学生成长路上的引路人，也慢慢地从经师变"人师"。

三、平台历练提升能力——"教书匠"变"引领者"

如实地说，我的业务能力是优秀的，但我的身上有很多的"棱角"，直白地说就是"情商很低"。但康城一直信守"尊贤使能""分槽喂马"。在这 11 年中，学校给了我很多历练的机会。至今我还记得 2016 年寒假，唐校长安排我与其他 5 位教师一起撰写新学期的教师学习材料，并且不厌其烦地给我修改。2017 学年，他又指导我撰写新优质学校申报的相关资料。每一次都是一个难得的学习机会。也正是无数次这样的锻炼，使我个人不仅多次获得校级和区级的荣誉，还先后担任过后备干部、年级组长，主持过学校的龙头课题《核心素养背景下 SS 课堂育人策略的实践研究》中"惜时高效"子课题，不仅课题成果突出，还带领中小学 10 位教师代表参加了浦外教育集团的"博雅论坛"，得到了专家的一致认可。

近年来,我个人在建班育人方面发表和交流论文 10 余篇,并多次在区级层面获奖。发挥自己的科研专业优势,成功申报区级一般课题《"手表定律"视域下家校共育校本课程的开发和实施》,开发"大中国"特色课程中"中国传统节日"系列子课程。2023 学年,获得浦东新区"任玉芬德育学科名师工作室"优秀学员荣誉称号;在学校领导的推荐下,竞聘浦东新区公共安全兼职教研员和区德育骨干,真正发挥了引领作用。

　　然而,这些成绩只代表过去。随着新一轮课程改革的到来,我相信未来的教师和教育将会面临很多挑战,但我仍然有信心,因为我的身后有康城这个温暖有爱的"家"。给我力量,催我前行。

我与康城共成长

孙春元

自 2008 年康城建校至今，16 年的时光，浸润在康城文化氛围中，我不断汲取营养，以"努力成为更好的自己"为座右铭，兢兢业业、默默耕耘。从学生实际出发，不断改进教学方法和学法指导，我一直在路上……

一、个人的专业发展

2008 年我有幸成为康城的一分子。2011 年我未通过中级职称第一次评审。反思自己的不足，三年里我不断修炼教育、教学能力，于 2014 年终于获得中级职称。其中不乏有很多学校领导对我的关心与支持。面对来之不易的成绩，我继续且行且沉淀自己，于 2016 年参加浦东新区骨干教师培训，2018 年被评为浦东新区化学学科骨干教师；2018 至今，一直被聘为浦东新区见习教师规范化培训基地的学校带教导师；2019 年参加区化学学科带头人培训；2019 年参加浦东新区中青年教师教学评选，荣获二等奖；2021 年获得浦东新区园丁奖；2019—2021 年参加郑胤飞化学学科基地班，这里的学习拓宽了我的教学思维和视野，丰富了我的知识结构，使我于 2021 年一举通过中学高级职称评审。2019 年，我进入浦东新区周玉枝老师的化学课题团队，积极参加区课题组活动，并于 2024 年开始独立承担课题，展开教育教学科学研究。我还经常在《中国少年科学报》上发表文章，每年约发表 2 篇科普文章。"仁爱、勤恳、努力、坚持、自律"是我对师德的追求。先教育、再教学，帮助孩子们树立正确的人生观和价值观，学习正确的思维方法，这是康城领导给予我的精神引领。

二、我在康城的专业引领

在康城的这些年，我除了自己的专业发展之外，还始终不忘引领团队的成长。康城学校化学组于 2016 年被评为"浦东新区优秀教研组"，2018 年被评为"浦东新区教育体育系统三八红旗集体"。我在浦东新区初中化学教研中，分享教学经验 5 次，进行专题讲座和活动交流；参与制作浦东新区初三化学分层作业编制、设计专题复习资料，使用效果良好，为浦东化学教学与教研做出了贡献；2021 年参与上海市初中学业水平考试化学科目试卷评价座谈会；在中考理化操作考试中，协助教研员视频阅卷，担任组长，帮助教师把握评分标准；指导青年教师，积极参与区级、校级带教工作；利用假期，积极参与读书活动，向大师学习思想，和同伴交流心得，努力在教师专业化发展的道路上前行。辅导学生参加"白猫"杯、"天原"杯化学竞赛和校内竞赛。在校内主编了校本化学教材，供学生同步使用。2020 年，学习 135 编辑器，参与"浦东化学在线"公众号的编辑、制作。现任"e 科普"栏目编辑组长，负责安排每周的推文，通过科普为化学教师在线教研、学生在线学习、公众在线科普尽自己的一份职责，默默发光、发热，在自己的时区里走出属于自己的节奏，喜欢于漪老师的一句话"生命与使命同行"。

每一天，一步一个脚印，努力争做一个有理想信念、有道德情操、有扎实学识、有仁爱之心的"四有"好老师。

勤奋是收获的源泉

——我在康城文化氛围浸润下的发展和感悟

周　燕

2010年9月,我怀着忐忑的心情从东海之滨的一所偏远学校来到康城学校,当时目之所及都是新的:崭新的教学设施,朝气蓬勃的六年级新生和认真负责的同事,和原来的工作环境有很多不同。"既来之,则安之",我暗暗鼓励自己一边学习一边适应,新的学校就是新的起点。

一、初来康城,赢得喝彩

如果说在第一所初中,我完成了成为一名语文老师的蜕变,那么十年后来到康城学校,学校倡导"天天进步、天天发展"的校风,引领着我步入发展进步的阶段。一开始当我踌躇不前时,康城校园文化中让每个师生树立自我进取、自我发展的人生观是我再次成长的助推力,康城有着勇于创新、务实超越的办学理念,是我业务成长的动力。我刚来第一年就举办康城学校的教学比赛,我必须是参赛者,也暗下决心必须拿奖。我利用"十一"长假,关在家里整整两天,凭借着十年的教学积累完成了一个参赛教案,又用了半天时间把教案的关键内容熟记于心,收放自如地参加教学比赛,学生也和我配合默契。功夫不负有心人,我收获了教学比赛的"一等奖",这不仅认可了我的努力,更给了我极大的信心。由此,只要有公开课机会,几乎都有我上课的身影,学校展示周活动,学校请来语文教研员,给我进行了细致高效的指导,我信心满满地代表语文组展示了作文教学指导课;参加区语文工作室的培训工作时,又交流了《风筝》一课的教学;区督导时,又轮到教学初三语文阅读指导课……

二、勤奋务实，站高引领

　　一次次的公开课，提升了我的专业能力，磨炼了我的意志，让我更体会到"勤能补拙"，感受到越努力越幸运。认真细致的工作态度和一直向上的教学成果被看到后，学校给我增加了随班就读的工作任务，一个全新陌生的领域，又让我有些忐忑，我继续鼓励自己：只要勤奋、只要努力，一定可以胜任的。怀着务实超越的信念，我非常珍惜学校给予的提升机会，先参加随班就读区教研培训班，学习如何撰写随班就读个别化教学套表；接着是特教专职教师培训班，扔下还在哺乳期的孩子，来到华师大开始为期一年的专业培训和考试；然后是参与特殊教育学会的课题研究：《上海市康城学校资源教室经营管理中"多元评价促融合"的实践研究》，历时 3 年，自己研究实践，并完成各种评价研究报告，最终顺利结题。勤奋又一次提升了我，使我成为一名有着丰富随班就读教学经验的资源教师，并带动很多科任教师一起关爱随班就读学生这个特殊群体，让随班就读学生感受到来自学校老师无处不在的关怀，并反哺老师：那些真心关爱随班就读学生的科任教师也收到来自随班就读学生的爱。这些很好地展现了康城校园文化：成就学生、成就他人即成就自己的崇高职业信仰。

三、回首往昔，感恩感谢

　　今日回首往昔，工作已进入第 25 个年头，各种经历丰富充实，收获了很多经验，自己对世界、对学校的认知有很大提升，弥补了我作为非师范生的不足之处。厚积之后就会有薄发，现在的工作状态是稳步上的，不管是语文教学还是随班就读的相关工作，都能有条不紊地进行着。不管是语文课堂，还是资源教室里的各类课程，塑造出了乐观、开朗、积极、阳光的康城学子，欢声笑语、活泼灵动的身影时常出现在教室中，学生的幸福成长是我作为教师的不懈追求。

　　没有勤奋就没有收获，没有康城学校的良好校园文化氛围就没有我今天的自信。感谢康城，感谢勤奋。

回眸往昔　感恩过往

顾　洁

很幸运见证了康城 16 年的成长。2007 年大学毕业后,我进入康桥第二小学工作,2008 年横泾的两所中小学合并,我就顺理成章地成为了上海市康城学校的一员。一路走来,感谢康城对我的栽培,更感谢康城带给我的契机,没有康城也没有今天的我。

一、回首往昔,感慨颇多

2007 年由于工作需要,数学专业毕业的我承担了一个班级的数学和英语教学工作。作为一名新教师,心里满是焦虑,身边的老教师给了我很多的经验和帮助。"我们以前都是包班的!"这是听到最多的一句话。是啊!"一代中师"真的是非常优秀和朴实,我一边摸索一边学习他们的教学方法,就这样顺利教完一年。

2008 年康城学校成立,我又被安排了两个班的英语教学任务。如果说第一年是硬着头皮工作,这第二年是个正儿八经的英语教师岗位。就这样我在小学英语教师的岗位上耕耘了 16 年。身份从数学教师转变到英语教师,一切都要重新学起来。因为热爱,所以珍惜。我熟悉全套小学英语教材,研读《中小学英语课程标准》,积极参加每一次教研活动,一样都不落下。

二、潜心教书,不断进步

潜心教书育人是我们的本职,也是终身事业。但是也一定要对自己的职业有所规划,比如职称的评定就是对自己工作的肯定。在平时的教学中,我关注英语学科教学实践的学习与研究,钻研教育教学理论,坚持实践,时刻反思,勤于记录。每次上完课,我都会及时反思,整理每节课的优势与不足。我还积极申请并上了数节区级公开课,涉及各个年级,并以文字的形式将其记录下来,撰写成多篇论文在《浦东教育》上发表。通过几年的积累,在工作的第 7 年,我顺利评出了小学一级职称,不能说早,但也不算太晚。职称评定之后我也并没躺平,参加了为期半年的上海市农村职初骨干教师基本规范培训班和为期一年的浦东新区农村优秀教师定向培养学科团队。这两个培训也为我积累了不少经验,使我在 2016 年评上了浦东新区小学英语骨干教师。

三、榜样引领,专业晋级

在康城的这些年,我始终把坚持培养学生核心素养和良好的道德品质放在首位。但在专业的发展上,有时有些许懈怠,但是康城的同事们给了我榜样的力量——身边有很多教师积极评定中小学高级职称。正因为他们的鼓励和帮助,我也开始着手准备材料,论文的发表和获奖是必需的,而且越多越好。于是我在自己平时的教学中做一个有准备、能抓住机遇的有心人——坚持积累案例,写一些较为高质量的论文。同时我还不断提高自己的英语水平,重新开始学习高中英语知识,刷高考卷,练习口语,不断给自己充电。功夫不负有心人,我在 2023 年也顺利评出了中小学高级职称。

一切都感觉顺理成章,但又是自己一步一个脚印走出来的。再次感谢康城这片沃土为我创造了一次又一次的机遇。

康 城 伴 我 行

王智谋

时光飞逝,在康城一晃 16 年。回顾这 16 年,我无怨无悔地耕耘在康城的讲台,工作上踏踏实实,务实求真,教书育人,与康城共成长。热爱教学,关爱学生,感谢康城给我舞台去发光发热,实现自己的人生价值。

一、工作是快乐的

康城的氛围是快乐的,同事之间互相合作,共赢共进。康城是一个人性化的大家庭,当你有困难时,学校与同事会伸出援助之手,让你感到温暖,从而会使你想用更好的工作去回报学校,为学校争荣誉。

在教学工作上,我始终遵循康城的理念,力争使每个学生天天发展,天天进步;认真钻研课程标准,吃透教材,准确把握教学目标和重难点;面向全体学生,积极发现和探讨教学中出现的新情况、新问题,形成教学相长,互帮互助的教学氛围;改进教法,实施探究性教学,给学生营造合作、讨论和自我展示的机会;始终关注学生的情感,使学生学会思考,让学生主动参与讨论、交流,学会学习,从而获得知识;认真备好每一节课,上好每一节课,批好每一份作业;利用课余时间,培优辅差,不放弃一个学生。2010 年 11 月,我在校青年教师教学评比中荣获一等奖;2012 年,我在市、区督导教学中,获得专家好评,教学成绩有目共睹。

二、学习是快乐的

我深知"学无止境,教无尽头",不仅要具有系统扎实的文化专业知识,还要与时俱进,突破自己的瓶颈。我平时坚持学习,积极阅读有关的教学杂志和教育专著,认真做好读书笔记,积极参加市、区培训及校本研修,使自己的文化专业知识得到夯实,教科研能力及教学水平得到提高;认真观摩市、区优秀课教学,积极参加校教研,吸取好的经验方法,结合自己的教学实际,总结经验,不断提高自己的教育教学水平。由于我们学校是基地学校,本人还有幸带教了5位见习教师,综合考评均是优秀。从见习教师身上,我也学到了许多,比如现代教育信息教育技术与教学的整合,比如新的教育教学理念。他们很有活力与激情,也激励着我不断地学习与进步。我深知要活到老,学到老,不断地完善与提升个人的教学素养。

三、教育是快乐的

我在康城曾经担任过一届班主任。我始终把正确、全面的育人工作放在首位,始终保持勤奋踏实的工作作风,尽心尽责;服从学校安排,关心集体,积极配合德育处做好班级各项工作;在班级具体管理中,非常重视班干部队伍建设,注重每一个学生的主体地位,注重学生自我管理意识和能力的培养,以及集体荣誉感的培养;对学生的思想教育工作耐心细致,以鼓励表扬为主;做学生的知心朋友,深受学生好评,密切与家长和任课教师配合,三方齐抓共管,形成教育合力;每学期定期召开家长会,开展多种形式的家访,坚持家校齐抓共管,管理效果较好。我所带班级班风良好,学习风气浓厚,集体凝聚力强,并在中考中交了一份满意的答卷。

回顾这16年的教育教学工作,是一份常做常新、永无止境的工作。一份春华,一份秋实,在教书育人的道路上,我付出的是辛勤的汗水和真挚的泪水,但同时也收获了充实与快乐。今后的我会一如既往,以高度的责任感和强烈的事业心,与时俱进,开拓创新,在教育教学工作中取得更优异的成绩,为康城的明天添砖加瓦。

一路历练,一路成长

曹燕萍

时光荏苒,转眼我也是一名从教 18 年的老教师了。回首过往,那个怀着忐忑心情走上讲台的青涩女孩仿佛历历在目。

一、初出茅庐,满怀干劲

初出茅庐的我满怀热情,每天都认真备课做好 PPT,每当学生在课后夸赞"老师,你的课件做得真好"的时候,满满的成就感油然而生。然而,也有几次一顿手忙脚乱下来,上课时设备出了故障,不能正常播放课件,再加上缺乏经验,打乱了上课节奏,上课效率打了折扣,内心不免有些沮丧。于是,课后我就一直想着怎么改进,怎么让设备能少出状况。那时的我真是满怀冲劲和干劲,喜欢钻研,喜欢创新,喜欢给学生组织各种类型的英语课堂活动,工作第二年就被学校工会推荐去参加了当时南汇教育工会举办的多媒体课件制作比赛,取得了二等奖。

二、初任中层,摸索成长

2009 年 6 月,基于我平时踏实上进的工作表现,得益于学校公平的选拔提升机制,学校领导找我谈话,有意提拔我做学校的团总支书记,问我是否愿意担任。说实话,当时有一点欣喜,又有点忐忑,担心自己能否胜任,但我还是毫不犹豫地答应了。同年 9 月,我正式担任团总支书记一职。既然学校把共青团的工作交给我做,那我就要把工作做好,这是我一直以来秉持的信念。于是,缺乏经验的我虚心向老同志学习,努力摸着石头过河。那段时间,我认真学习团的各种文件精神和会议精神,每次外出开会都认真记好笔记,积极上网查询其他学校是怎么开展共青团各项活动的。我边学习，边探索，边实践，通过组织开展团的"三会一课"活动，提升团组织的凝聚力和向心力，通过开展丰富多彩的社会实践活动为学生提供多元的学习成长平台。在学校的活动宣传方面，我从一名小白到撰写的活动报道被当作浦东新区暑期活动报道撰写的模板，组织的不少活动也得到了上级部门的认可。在我的带领下，学校团支部于 2011、2012、2014、2015 年被评为浦东新区五四红旗团支部，我两次被评为康桥镇优秀团干部。在学校领导的鼓励和推荐下，我参加了2011—2012 年浦东新区骨干团队干部培训班，进一步提升了自己作为一名团干部的业务能力。

三、不断磨炼，进阶提升

作为一名行政干部，我除了完成自身的教学工作外，还要完成很多条线上的评比等工作。犹记得刚申报浦东新区未成年人思想道德建设示范校的那年暑假，因为我是第一次做这方面的材料，没有头绪，于是和德育处的领导、同事一起学习研读文件，将近有半个月的时间，我们每天从早上 8 点到晚上 8 点待在学校做材料，比上班还忙。那是段辛苦、充实又充满收获的日子，也让我从那些老教师身上感受到了他们那种乐观、豁达、无私奉献、不计较个人得失的精神，让我深受触动。此外，我也多次负责学校大型活动的策划和主持。记得有一年的六一，我只考虑了天气晴好时的活动方案，哪知第二天突然下雨，室外的活动只能临时调到室内，由于事先没有做好雨天的方案，所以六一那天早上的活动真的有点乱糟糟。我也受到了工作人员的一些责备，当时真是又难过又沮丧。事后，唐正权校长给了我一些中肯的建议，并安慰我人无完人，每个人都会犯错，后面不断改进优化就好。那次过后，我迅速调整心态，深刻地从错误中吸取教训。从此之后，制订活动方案时，我会注意活动中的各个细节，力争每个环节考虑得周到而细致，并且和需要合作的各部门事先充分做好沟通，每项工作都责任到人。就是在处理完成各种工作中，在组织开展各种活动中，我得到了不断的磨炼和成长。

四、积极应对，成长成熟

2013 年 9 月，承蒙学校领导对我工作能力的肯定，我到了更大的平台——校务办工作,校务办的工作繁而杂。会务准备、接待,各种数据的填报、上传,每周工作安排、行政值班排班,学校的工作计划、小结,大型活动方案的制订、报道撰写,各类申报材料的制作,等等。我还负责学校的宣传工作,从 2016 年 9 月第一年创建学校微信公众号的 13 期到 2023 年的 151 期,学校的对外宣传工作取得了很大进展,成为展示学校文化的重要窗口。由于工作内容繁杂,忙的时候需要加班加点也很正常,有时候心里难免会感到焦躁。但唐校长让我们做到"身累心不累",学会自我调节,认识到乐观积极地面对每天的工作很重要。

一路走来已 18 年多,回顾走来的路,有欢笑,有挫折,有成就感满满的时候,也有备感失落打击的时候,这一路遍布着荆棘,也开满了鲜花。感谢康城公平公正的选拔提升机制,为我提供了多元的成长平台和机会,感谢学校领导对我的信任和肯定,让我从那个初站在讲台上的青涩女孩,成长为一个稳重、成熟,能扛得起重任的人。我将继续以从容不迫的心态在自己的岗位上探索、创新、追求。

第二章

环境育人，基地筑梦

青年教师在研修氛围中的温暖成长

2008—2011 年间,在康城基地,学校一直践行"散养"+"圈养"的浸润式培训模式。在"圈养"中,学校主要通过"一师多徒""一徒多师"、微工作室等方式提升新入职的教师,乃至带教导师的专业素养;在"散养"中,学校通过给予新入职的教师长期的任务、发挥自主能动性的平台,在一定程度上使他们埋下了"自主发展"的种子。

三轨并行，助力成长

——见习教师培训基地一名班主任带教导师的经验浅谈

曹 磊

作为浦东新区见习教师规范化培训基地学校的一名班主任带教导师，通常第一次师徒带教合同签订后的见面，我都会进行一番"切脉问诊"，再结合他们各自的特点，共同制订带教计划，开启为期一年的带教工作，主要有以下三个方面：

一、写好教案，让育人工作有备而来

立德树人是学校教育的根本任务，即培养学生学会做人。而班会课作为加强日常班级管理的有效手段，是促进学生健康成长的重要平台。因此，指导青年教师写好主题班会课教案是第一步。从寻找素材，到拟定响亮的课题、思考设计背景、明确教育目标、策划教育过程，一系列的步骤缺一不可，但可以简案为主，便于班主任把握。我想让他们知道：一份份教案，浸润着班主任的思考，也记录着班级的成长历程。如落实班级事务的"小岗位、大责任"，指导学习方法的"让学习变成快乐的事"，调整情绪状态的"做一个自信的孩子"……这些班会课每一堂都有简案，切实做到了有备而来。也因为如此，实施的效果都比较良好。其实，上好主题班会课是每一位班主任必备的基本功之一，我从第一次做班主任就注重发挥主题班会课的教育功能，这无论对班级集体还是对班主任个人，都是大有裨益的。

二、走近学生，让育人工作触及心灵

一个班主任，要想自己掌握第一手真实资料，就要多跟班。在平时的工作中，尽量与学生多接触，用自己的眼睛去观察、了解学生，适当做些笔记，尽快和学生融

入一个集体中。尤其是面对现在个性化学生越来越多的情况时,要心中了然,遇事不慌,在育人过程中更要做到因材施教。当然,青年教师在工作中往往容易着急,尤其是在面对屡教不改的孩子时。曾经有位一年级初任班主任就和我分享过班里的几位"特殊"学生,有的调皮,有的不爱交际,有的爱哭鼻子……于是我耐心地告诉她刚入学的一年级小朋友有各种不适应新环境的情况很正常,需要我们静下心来,耐着性子和他们多沟通、多交流,更要多观察、多思考,要做教育的有心人,更要做学生的贴心人。要学会善待、宽容每一位学生,千万不要动不动就"上告"其家长。营造和谐融洽的师生关系非常重要,老师的一个眼神、一次抚摸、一句问候都会让学生感受到老师的关爱,都会让学生在心灵上得到安慰。只有班主任真正走进学生的心里,才能让我们的教育在孩子的心里开花结果。

三、尊重为基,让家校合力悄然发生

随着教育理念的发展变化,教育是一个系统整体已成为大家的共识,学校教育与家庭教育在这个整体中相互依赖、相互作用,分别发挥着不可替代的作用。自建校以来,康城始终重视"育人工作一体化"的建设,倡导从上到下,家校生形成合力,一起"凝心聚力,共赢共进"。作为学校教育的主体角色,班主任如何与家长取得有效沟通,显得尤为重要。作为一名班主任,首先要尊重家长,才能打好与家长沟通的基础。例如尊重学生家长的人格;有理智的情绪,不可迁怒于家长;要讲求谈话的方法和策略;尽可能先说、多说孩子的优点,不应该当着学生家长的面训斥孩子;要虚心听取家长的意见和建议……其次,班主任与家长要建立相互信任的平台,要设身处地地理解家长,也要让家长理解教师诚恳的、负责任的态度。再次,班主任要坚持多元化原则,因人而异地采取合理有效的方法和家长进行沟通,也就是与不同的家长,在不同的情况下交流,需要有不同的方法策略。最后,还要考虑沟通形式的多样化,如写信、微信、电话、上门家访等相结合。有一位青年班主任就曾碰到一位挑刺的家长,后来我让她第一时间调节好情绪,时刻保持理智,在互相尊重的前提下,主动站在家长的角度去理解、沟通,问题便迎刃而解了。

一直以来,"成就学生、成就他人即成就自己"是我们康城的校园文化,更是我们康城人的职业信仰。

一位导师的自省

——见习教师规范化培训促进教师专业成长的案例研究

周燕萍

我的教师生涯始于康城,我的成长之路亦始于康城。

这两年,总有一件事情萦绕在我心头,若隐若现,我不愿触及,扬汤止沸,始终以一种鸵鸟的心态去面对,好说服自己过得心安理得些。直到此次见习教师考评课结束,考评的结果让我的心绷得紧紧的。我无法平息自己,已无法逃避,那一个个画面撕开了我防备的幕布,挣扎,跳跃,在我的脑海中不断闪现,重复闪现,闪现……

那一年,我带教了小黄。第一次走进小黄的课堂,我就被她的个人魅力深深折服了,有激情、有爆发力、亲切、个人素养极高,小黄简直就是小沈的升级版。更难能可贵的是,她好学、谦虚,并已经在自己专业化的成长道路上有了一点小小的成绩。就这样,我们一起学习理论知识,探讨教学问题,在课堂中实践、反思,向着"优秀"一起努力着,直到等来了考评课"合格"的结果。我终于避无可避,索性拾起这些回忆,做一次深深的自省。

康城学校作为基地学校,致力于为新教师职业发展,帮他们扣好"第一粒扣子"。让新教师在职业生涯初期接受规范、优质的培训,不仅可以帮助见习教师养成良好的行为习惯、学习习惯、教学习惯,提升职业认同感,还能缩短新教师成长为合格教师的周期,促进教师队伍的整体均衡发展。

见习期间,听课、评课是带教过程中很重要的一部分,也是提升见习教师教学能力的重要途径。翻阅了上学期的听课记录,她听了 18 节英语课,数量着实不少,并且每节课都有比较认真的评课记录,为何考评结果只有"合格"呢?于是,我选取了在不同时期听的小黄老师的课,做了一个简单的过程性评估。

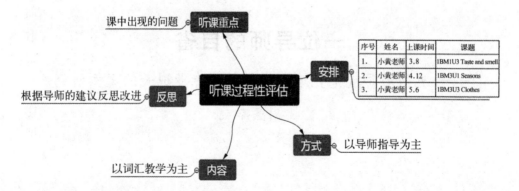

第一，听课安排不合理。考虑到考评课是一年级的课，因此，上课的内容集中在一年级。但见习教师需要了解各个学段的教学特点，学会分析教材，正确把握重难点并采用合适的教学方法。

第二，听课的内容比较单一，以词汇教学为主。作为有一定教学经验的小黄老师，可以尝试更多的课型，这会使她成长得更快。

第三，听课没有重点。由于一开始的带教目标不清晰，导致执行力差。导师在每一个阶段都应该按照阶段目标的要求去听课，有重点地去评课，而不是如蜻蜓点水般，看似面面俱到，实则毫无重点。这会导致学员的反思也会非常零散，不能形成系统。

在培训初期，我们就组成了带教团队，有导师团队和学员团队，团队成员之间可以多向互动。团队带教与传统的"一对一"带教相结合，是一种创新的模式，也是时代的要求。团队的力量和智慧远超我一个人的，这也是我作为导师要时刻记住和自省的部分。

最重要的是，我对于考评课考查重点的认知有偏差。我一直用一些上位的理念，从专业的角度去评价和引导学员，一则过度拔高要求，二则忽视了见习教师的规范化培训，培训的是规范，考核的当然也是规范。

小黄老师是位很有灵性和想法的老师，简单的词汇教学反而不能发挥她的优势。同时，由于她驾驭课堂的能力和表演力比较强，反而最终显得课堂的真实度不够。在磨课的过程中，我要求她每一个环节都做到准确、细致。这导致她的课变得不那么灵动了。我听说另一位见习教师上课时课件没有声音，但她坦然地上完了那节课，并获得了"优秀"。这件事深深触动了我，让我重新理解了"规范"的含义。

在考评课的过程中，见习教师要学会的是如何去磨课，是要学会一种方法，而不是上一节课。在一次次的磨课中，我觉得我没有给予她们系统的引导，而是零散的建议。我没有在一次次的磨课中强化这种模式，把它印刻在她们心中，让她们可以自如地走在大路上，更好地前行。

虽然是失败的案例，但从中我获得了更多的启示，放下心中的遗憾，将其化作来年的动力，我想这应该也是我的成长。在每一个普通平凡的日子里，这一切都悄悄地在美丽的康城上演，这是一个有梦的地方，也是一个圆梦的地方。

"一徒多师制"的磨课

——只为更好地成长和蜕变

曹燕君

一节高质量英语课的形成,离不开很多重要的因素。从前期的教案构思、文本内容的形成,到中期的 PPT 制作、操练环节的设计,再到后期的板书设计、课后分层作业的布置。每一步的设计都直接或间接地影响着这节课的总体质量。那么多的因素,一环扣一环,无不鉴证着一个真理:好课,是磨出来的。

所谓"磨",顾名思义,就是一个将最初的构想不断完善、不断修正的过程。高质量的"磨课",离不开团队的力量。

提到团队磨课,脑海中突然想起入职不久的一次教学评比课。很幸运,当时我获得了参赛资格,更幸运的是,我有"导师们"的鼎力相助。康城学校自办学以来,坚持营造一个大家不断认同、形成共识的氛围,从见习教师开始,我就享受到了学校推行的"一徒多师制"的红利,每次开课,都能获得多位导师的意见和指导,学校一直给予青年教师很多机会,让我们站在巨人的肩膀上成长。那次的比赛课,当我拿到课题时,已是傍晚。参赛的内容是四年级五个频率副词的教学。拿到课题的那瞬间,心情很沉重,频率副词的教学,很难上得出挑,且可供学习的资源也少之又少。当天晚上,我拿出几张 A4 纸试图找找灵感,分析单元内容,尝试设计单元话题……A4 纸,一张又一张地被填满,但纸上留下的有价值的信息并不多。想走"中庸"的稳扎稳打路线,但碍于是比赛课,若无亮点,必定无法脱颖而出;想走"创意"路线,文本内容的确富有创意,但是操练环节很难设计,最重要的是,五个频率副词没有得到很好的诠释,教学重难点很难得到突破。

就这样,A4 纸上留下了一个又一个的问号。可即便如此,我也没有很慌乱,因为我相信,明天的磨课,我的"导师团队"一定能助我攻破难题。

第二天的磨课终于来了。我带着疑问,和导师们进行头脑风暴,白板上的内容被擦拭了很多次：写—推翻—擦—再写—再推翻—再擦。就这样，我们各抒己见，却也坚持各自的一些想法，我们几个人就像几条直线，看似越来越接近，但却迟迟没有走到交点处。

该设计怎样的情境，才能让评委眼前一亮？其中一位导师突发奇想，设计了这样一个情境：把国庆七天长假作为一个区间，让学生叙述在这七天长假中一些行为动词的发生频率来学习理解这些新单词。在最后的操练环节，再类比重返校园后，这些行为动词发生频率的改变来考量学生的掌握情况。不得不赞叹，这是一个很好的想法。但是我总觉得，育人价值不够深刻。于是，在她的基础上，我做了改变。从一个人主人公，变成两个主人公。通过一些生活习惯的横向对比，学习频率副词，并尝试让学生说出哪种生活习惯更值得学习。在最后的操练环节，再让学生自行考虑，如何帮助生活习惯较差的同学塑造良好的生活习惯，以此来考量学生频率副词的掌握情况。这样的设计，既能复现重难点知识，也满足了无痕化情感渗透的要求。

前期准备工作，我经历了多次"辩论式"的磨课方式，最终让重难点得以突破，整节课的教学思路也变得尤为清晰。

一节优质课的形成背后，必定有被推翻了多次的教案，也一定有"A4纸"上留下的许多痕迹。但这一切的背后，都离不开"导师团队"的帮助。我想说的是，感谢！感谢康城的带教机制，感谢帮助过我的每一位导师，感谢你们提出的宝贵意见，是你们让我更清楚，没有最好的一节课，只有更好的一节课。感谢你们的一路陪伴，是你们让我知道，我不是一个人在战斗。路漫漫其修远兮，有你们陪伴的每一次磨课，都是一次成长和蜕变。

值得怀念的"星期二"

陈雨晴

　　走进康城学校,你会感受到一种活力、一份和谐、一股凝聚力,那是康城这所年轻的学校特有的氛围。在这个大家庭中,我们有100多位青年教师,他们带来了青春与活力,也带来了懵懂与迷茫。值得庆幸的是,康城是一个和谐而包容的大家庭,它在接纳新教师的过程中不断进步,不断发展。康城为所有人的努力提供适合发展的平台,让每一位新老教师每一天有所进步,有所发展。在这个大家庭中,有许许多多的小组,相互切磋,相互促进,相互发展。

　　就我所在的数学学科组而言,我们以学科组为大集体,备课组为小集体,互帮互助,迅速成长。

　　每个单周的星期二,是整个初中数学学科组的大聚会。新教师课堂的初次试水,老教师课堂的展示学习,同课异构的精彩比拼,层层磨课的细细打磨反复锤炼,"SS课堂模式"的探索研究,与对岸康城学校的联谊切磋……这些精彩纷呈的备课组活动,丰富着每一位教师的工作生活,也让每一位教师不断向前走,发展、突破、进步。

　　其中最令我印象深刻的,应该是新教师的第一次校公开课,第一次在全校数学老师面前介绍自己。紧张、不自信纷至沓来,我早早开始准备,怀揣着第一稿教案,忐忑地向师父请教。师父先是将我夸了一遍,然后开始细数教案中的问题,耐心提出自己的想法与建议,师父的指点好像给我打开了一扇新大门,真正的教学好像与纸上谈兵有着天差地别。师父给了我建议,但如何将其融入自己的教学,又成了一道坎。师父的建议和我自己的想法在我的脑海里打架,始终融合不了。吃饭的时候,学科组长朱老师过来关心询问我的公开课准备进程,看着我一脸纠结,朱老师开始插科打诨为我缓解压力,并和我分享了她曾经上这一节课的教学案例,以及她的看法。在师父与朱老师的指导下,在与备课组教师的交流下,我艰难而认真地完成了我的第二稿,并且得到了师父的肯定。于是我邀请了师父与备课组成员试听指正我的第一次试教。虽然教案没有问题,但作为新教师的我始终无法流畅完成课堂教学。这一次教学让我有点气馁,明明我做了那么多准备,还是……但师父好像挺满意我的这次教学:"可以看出,你做了充分的准备,借鉴了很多他人好的点,但作为刚踏上讲台的新教师,汲取他人的经验固然很好,但如果无法化为自己的,就表示你的基本功还不够。先踏踏实实,稳扎稳打上课,把课本上的内容理解透彻,并教授给学生,再充实完善你的课堂。"我仿佛醍醐灌顶,花哨的课堂并不是刚进入教师岗位几个月的我要追求的。在我自己的努力下,在师父的细心提点下,在同组成员的建议下,我连夜很快完成了第三稿,课堂上的每一个提问,我都进行了精心设计,言语规范清晰,学生可能出现的每一种回答我都进行了提前预设。在听完我的第三稿后,师父终于点了点头,此时我感觉一切都值得。最终,我顺利完成了校公开课。课后听着学科组老师的评价,稚嫩的我感受到有那么多教师指导我、帮助我,和我一同努力,我一定可以和大家一起变得更好。在老教师的耐心帮助下,我们这第一批新教师渐渐站稳讲台。

这是我永远值得怀念的一个"星期二"。很感谢师父的指导,为不知道往哪里用力的我指明了方向;很感谢学科组长朱老师在我没自信的时候给我鼓励;很感谢数学组的教师每一次都认真听我的课,无论好与坏,都能直言不讳地给予我建议;还要感谢与我一起奋斗的青年教师,有你们,我不孤单,充满动力。

第一次的校公开课,我就告诉自己,今天,你得到了他人那么多的帮助,今后不要吝啬帮助别人。

我想,我们学校组内相互听课、相互帮助、相互促进的氛围,就是因我们学校老教师起源、新教师延续、全校教师共同努力而形成的。

康城的每一天都是精彩的,在康城的我们天天进步,天天发展。

我与康城的缘分

马玮琦

与康城学校的缘分开始得似乎有点偶然。那天无意之中在公交车上发现了康城这所学校，它犹如清风雅士般隐身于闹市之中，周围散发着独特清新的气息。毕业的脚步临近，当我们被淹没在轰轰烈烈的招聘洪流中时，我又一次看到了康城的名字。

终于踏进了康城学校的校门，在这里我体会到一种归属感，一种充满感动的归属感。而这种归属感来自微笑，学生的礼貌尊重，同事的热情友好，领导的体贴关照——这些都让一个紧张与志忐的初学者获得了一份舒适和平静。卡耐基说过：行为胜于言论，对人微笑就是向人表明我喜欢你，你使我快乐，我喜欢见到你。因此，这样的微笑让我有了一种归属感，让我顿时觉得我也是康城的一员。我想这不仅是这个学校管理层的高明，更是一种艺术和力量。

日子一天天过去，每天晚上，当我忙碌了一天后躺在床上，回忆一天的工作生活时，虽然疲惫不堪但却觉得充实而有意义。在这里，我知道了怎样去做一个老师，怎样与学生沟通交流。当我第一次看到范老师来到教室，并熟悉地叫出一个个孩子的名字时，我就惊讶于她的记忆力，更叹服她的这份用心。最简单、明显、重要的获得好感的方法，就是记住他人的姓名，使他人感觉到自己对于别人很重要。我明白了用最快的时间记住孩子的名字，并熟悉他们的性格特点是多么重要。这是教师和学生沟通的前提。

在教学上，对于教学经验几乎空白的我们，学校给予了学习和发展的空间。还记得我第一次站在讲台上，说话都带着颤音，紧张地上完第一节课后，我明白要学习的东西还有很多。学校请教学经验丰富的教师带我们，手把手地教我们如何上课，如何管理班级，让我们能很快地适应康城的教学风格。学校每周还安排我们和其他教师一起参加专家教师的教研活动，这对我们教学水平的提升有极大的促进作用。当我们再次站在讲台上,已少了些许的紧张和焦虑。我们也慢慢开始熟悉与掌握一些教学的经验和方法。在有教师请假的情况下,学校给予了我充分的信任,让我代为管理班级,这让我受宠若惊。短短的两个星期,我体验到了班主任的辛苦和责任,同时也在实践中慢慢摸索管理班级的方法和策略。每天放学后,在其他教师的指导下,我总结一天的工作,找出不足并回味收获。一切从零开始,虽然辛苦,但是有所收获,生活也变得充实和有意义。

康城虽然年轻,但是它的理念却先进和厚重。先进是因为它有着与时俱进的国际观,在这里,受教育的不仅是学生,作为教师的我们也是这些先进理念的学习者。看着孩子们做早操时有序整齐的队伍、办公室门外等候的尊重表现、讲台上流利大方的自我介绍、上课时安静端正的坐姿等,都让我备感欣慰。这些不仅让我看到了康城独特的办学理念,也让我受了一番洗礼。要想在这样一所学校里工作好,我们必须具备这样的理念。说它厚重是因为,虽然办学时间不长,但是它的教育理念中深含中华传统美德和为人处世之道,有对中国传统节日知识的学习,也有对孝悌之道的点滴渗透。当我看到学生妈妈在台上动情地讲述自己的孩子在母亲节为自己洗脚的故事时,我深深为之动容。我甚至想到了自己的父亲和母亲。长大成人的我们回想起自己的过去才发现,身为子女的我们从未给自己的父母洗过一次脚,甚至没有给他们端过一次洗脚水。在这里,我们看到自己的遗憾,但是值得我们欣慰的是,康城的教育不仅避免了孩子们未来也许会有的遗憾,也提醒我们去弥补自己的遗憾。

在康城的日子就是由点点滴滴的收获和感动串成的。虽然我没有参与康城的成立,但是在康城之后的成长历程中我会尽自己的责任和义务,伴随康城一同成长。浪漫而艺术的旅程将延续……

导师教会我的二三事

陈　怡

春华秋实 16 载，我校如石榴般孕育万千英才。我校 16 年如一日探索和实践着"办学办氛围，育人育方向"的办学育人理念，引领人人树立"自我进取和发展的人生观、学生学校利益为重的价值观"。在这期间，涌现了一大批优秀的教育工作者，范老师更是其中的佼佼者。

在教育领域，范老师辛勤耕耘了 30 多个春秋，她始终以热忱的爱心、科学的精神、专业的追求、创新的理想、实干的态度，践行着选择教育事业的初心，将爱和智慧无私地奉献给学生，点亮了千万孩子的生命。她是孩子心中信赖的范老师，也是深受家长爱戴的范老师。

一、循循善诱，责任心强

范老师是一位有理想信念、有道德情操、有扎实学识、有仁爱之心的老师。理想信念是人生基石、人生指路明灯，只有忠于党的教育事业，做有人格魅力的好老师，以自己的魅力去感染学生，才会真正成为一位优秀的教师。在课间，经常能看到她待在教室，对行偏生进行教育，不辞辛劳；在课间，她细心批改学生的每一份习作，且字迹工整；在课间，她及时对学困生进行学业辅导……范老师不忘人民教师的根本职责，严于律己，宽以待人，以真挚的事业心，务实求真的态度，履行本职工作，并在政治思想、学识水平、教育教学能力等方面不断提高、塑造自己。范老师严格遵守学校的各项规章制度，不迟到、不早退，有事提前请假，做到爱岗敬业，兢兢业业地完成各项本职工作。她在三尺讲台上全心全意做好教书育人的工作。无论何时，她都以高度的责任感和事业心将全部的热情投入工作中，志存高远，乐于奉献，自觉履行教书育人的神圣职责。

二、以学生为本，教学有方法

在教学方面，范老师以学生为本。使学生全身心投入学习活动，经历和体验知识形成的过程，在教学中感受学习的乐趣，体会学习的方法。她尝试要求学生联系自己的经验、体验，以及收集到的新的知识信息，把他们的想法、问题进行交流，形成新的知识资源，不断综合、完善新的知识体系。师生之间、个体之间、小组之间的学习、交流使课堂气氛活跃，激发了学生的学习热情。范老师认真钻研新的课程标准，吃透教材，积极开拓教学思路，根据教材内容及学生的实际，设计课的类型，每一课都做到"有备而来"，每堂课都在课前做好充分的准备，采用多种有效的教学手段吸引学生的注意力。学习方式上倡导自主、合作、探究，树立以学生发展为本的基本观念，采用多样的方式提高学生学习的主动性。她在课堂上特别注意调动学生的积极性，加强师生交流，让学生学得容易，学得轻松，学得愉快。

作为教师，要时时学会聆听学生的心声，关注学生的心理变化。在课间，经常能看见范老师与学生谈心的场景，那温柔的眼神、关切的语气，打开了学生的心扉，她读懂了学生的心。

学生心理问题主要分为两类。一是学业困难。对学生而言，不同的学生具有不同的认知特点。每个学生在学习生涯中都经历着不一样的学习过程。有的学生因为各种原因陷入学业不良的困境。二是人际关系不佳。有些学生身上有着负面情绪，不善于和别人沟通，人际关系不佳，这也是导致学生心理问题的重要原因。学生身体发育、智力发育、心智发展差异，以及情绪差异、认知特点差异等均可影响学生的学习，范老师尊重学生的个性差异，用优化发展的思想去教育每一名学生，使他们都能得到发展。在教育教学过程中，她不断让学生体验成功，多给予学生一些表扬和鼓励，她还经常对学生伸出大拇指，与学生一起体验成功，分享成功的喜悦。她允许学生出错，包容孩子的错误，在不断的关爱理解中，帮助他们形成正确的价值观。

做教师最重要的是有爱心和耐心，唯有"爱"才是教育最本质、最核心的根本。唯有"爱"才能打开学生的心扉，与学生的心灵相接，解决学生面临的疑难困惑。

作为一名教师，我时刻告诫自己要向范老师学习，追求卓越，崇尚一流，拒绝平庸,注重自身创新精神、实践能力,以及情感、态度与价值观的发展,使自己真正成长为不辱使命、具有历史责任感的优秀教师,把自己的全部知识、才华和爱心奉献给学生,奉献给教育事业。在教师的路上,我们要做的还有很多……

在收获与成长中不断前行

张琴琴

　　一个人的成长固然跟个人的努力密切相关，但更与工作和生活的大环境密不可分。如果说专业能力过硬、人文素养优秀的教师能让学生学习的环境成为一方沃土，那么教师自身成长的沃土又在何方呢？幸运的是，我身在康城，遇到了我的师父许韶颖老师。她是为我这棵小苗培土的第一名辛勤"园丁"。她不仅在教学上对我毫无保留地倾囊相授，也在思想上、生活上给了我正确的指引和无微不至的关怀。记得 2010 年 4 月，我接到了教研员布置的区级公开课上课的任务。那是我第一年教初三，突然的通知，让我手足无措。由于教学经验有限、压力大，我出现了焦躁不安的情绪。师父看到后，牺牲休息时间，边安慰我，边不厌其烦地与我反复讨论上课思路，一起备课、磨课。到了正式上课，她又全程陪同，为我加油打气。最终，我的课得到了教研员及听课老师的肯定。我在经历了这次磨炼后收获良多。平时，对英语教学上的问题，我们总能进行热烈而又细致的讨论，以严谨的态度得出恰当的结论。良师益友可遇不可求，要珍惜缘分，以诚相待。也许，我自己也能成为更多康城人教育生涯中的"园丁"。

　　我的第二名"培土人"是浦东新区谢忠平英语教师培训基地这个团队。感谢康城为我提供了去基地学习的宝贵机会。基地的活动丰富而忙碌，讲座报告、听课、评课、课题研讨、调研考察……这些精心安排的活动，简约而不失华美，平淡中蕴含真味，离我很近，对我很实用。市级专家带来了新视野；聆听谢老师的教诲，不经意间总能感受到他对英语教学的热爱和灼见。在他的引领下，工作室的伙伴们思维活跃，团结互助，开放又严肃，诚恳又宽容，形成了良好的学习、研讨氛围。同伴之间的互相协作，让我思接千载，视通万里。不经意间，教育教学资源得到共享，教育教学理念得到更新和加强。在这个温馨的学习环境中，我拥有了更多的良师益友，他们的坦诚、精辟之言，让我在反思中找到了差距，及时地去修正自己在教育教学实践中的遗憾。

接着，我又迎来了职业生涯中的第三次"阳光雨露"——成为第一届浦东新区见习教师培训基地的导师。"如果你有一种思想，我也有一种思想，交换后，我们便拥有两种思想，甚至是三种、四种，乃至更多的思想。"在基地学校的十多年里，我真正体会到了这一点。听完一节课，听课本上所记录的内容是有形的，在交流中产生的许多思想是无形的，而这种无形的思想也许正是影响教师改变的关键因素。基地的学习也让我意识到自身的诸多不足。"学然后知不足，教然后知困。"既然接受重任，就只能努力缩小差距。在提高见习教师业务水平的同时，我也努力充实自己。听课、评课、自己上课、写反思、组织教研组活动、参加培训，成了我这几年中工作的重心。

孔子说过："见贤思齐焉。"对我而言，不断进步、发展、超越就是自己对见贤思齐的理解。在康城的十多年中，我经历了多方面的历练。知道了相互切磋、取长补短、团队合作的价值。也懂得了及时施教、因人施教、启发诱导等理念的重要。我既有知识上的收获，又有方法上的历练，更有情谊上的温暖，师生情、同事情、朋友情……总之，康城让我拥有了人生极有价值的一段段历程，经历了一次次极具品位的心灵洗礼。我愿做一名艰苦的跋涉者，我愿做一名梦想的实践者，在康城这个广阔的舞台上继续激情演绎，展示风采！

康 城 底 气

——从关注生存到关注学生

黄梦超

　　刚入职时,身为新班主任的我几乎一直在看眼色,最担心的问题是学生怎么看我?领导怎么看我?想的是怎么给孩子立规矩,控制学生。慢慢的,我在康城的办学氛围下,有了底气,有了作为一名教师的底气,有了教书育人的底气。通过不断向老教师取经,在不断摸索中,我渐渐与学生增进了感情,开始真正像一个"老母亲"那样,关注到了孩子们除学习和日常行规以外的内心。这过程或许有点像福勒提出的教师成长的三个阶段,但却还没"进化"得那么彻底。

　　把我从只关注自己的生存和教学环境的教师身份转变过来的,是一个我以为离我的生活很遥远的心理教育案例,也充分体现了康城"珍惜、珍爱、珍重,自主、自信、自强"的育人观。

　　我带第一届六年级时,我班邓同学性格内向敏感,不愿与人沟通,经常迟到。在打电话与其父母的沟通过程中,我了解到该生与父母分开居住,和奶奶生活在一起,并且每次都是我先联系家长,家长才支支吾吾去联系孩子奶奶回电。

　　于是,我就要求家长来校沟通孩子情况。当天是孩子妈妈和奶奶来校的,在此之前,孩子对自己的心事完全封闭,即使我耐心劝导一个小时,她也不开口说一个字。家长来校后,从她们口中得知,该生出生没多久就被送到外婆处抚养,之后父母育有一子,后来再把她接回去住了一阵,到上学年纪时便送去奶奶家由奶奶抚养。听完后,我的内心既愤慨又心疼这个孩子,这个家庭是比较典型的重男轻女家庭,小邓从小几乎就没有得到过爱。于是,我把孩子叫来,当着她的面告知家长她们在家庭教育方面的严重问题,希望家长在我的监督下能够改变自己的想法,给孩子同样的关爱。我在说的过程中,第一次看到该生有了情绪波动,甚至流下了眼泪。那次过后,我给孩子定下了要求,希望以后她学会保护自己,敢于表达自己的内心，即使不能主动跟我说一些事情，但在我询问时，她可以用点头或摇头来表达。

与此同时，我还悄悄地叫来了部分班干部，让他们在日常学校生活中"不露痕迹地"去关心、帮助她。之后的一段时间，在我找她谈话时，虽然她还是基本不开口，但能做到约定的那样有所反馈。日常布置的周记作业也能反映一些她的想法给我。七年级时，有一次她还在写作作业中向任课教师反映年级里其他一些同学不好的行为，我和其他班主任立刻就此事件做出了处理。事后，我把她叫到办公室，肯定、表扬了她，也希望她多多反映其他班级和年级的情况。

八年级时，她奶奶有段时间回老家了，她到闵行与父母同住，迟到的频率有所增加并且到得更晚。我知晓情况后，对她放宽了要求，毕竟她早上 6 点不到就起床了，但路上难免会有各种状况。在一天天的关心问候中，孩子能感受到来自我的温度，已经愿意与我沟通交流，能主动开口了。

九年级时，出现了新问题：她的父母一开始不愿让她读九年级，八年级下半学期我打了很多电话才劝服他们。现在她虽然来上学了，但父母对她的未来和中考后的打算，她一无所知，因此现在很迷茫也很无措。我和心理老师决定请她爸爸来校并跟他谈一下。她父亲来后，依然令我们失望，他满心都是为小儿子打算，对这个女儿的未来，始终是"随她"。我们跟他谈了一个多小时，我还给他提了一个要求，这周必须去看一趟女儿，顺便把要交的材料复印件送去，与孩子商议好中考方向。当天我还找了小邓，告诉她，自己的命运要掌握在自己手中，只有让自己强大起来，独立起来，才能真正保护自己，在学业上也要有所追求和目标。

这个孩子从六年级起，就像一个孤岛，她不与人沟通，写作中表示自己没有朋友；到毕业时，她能与三两好友一起放学、乘车，能形成自己的是非观，并能将不好的现象主动反馈给老师，能够自强自立照顾好自己，这些都是很大的进步，我也愿意相信她会变得更好。

她让我进一步体会到为人师者，育人为先。

用爱筑梦，携手摘星

——班主任导师带教案例分享

孙境远

康城学校这 16 年来的成长之路，始终秉持着"凝心聚力，共赢共进"的办学理念。"同舟共济"推进学校发展，成就学生、成就同事，同时成就每一个自己！随着学校新鲜血液的加入，对青年教师的培养也是学校工作的重中之重。

作为康城年轻的班主任，我有幸带教了几名青年教师。在带教的过程中，我总结了作为班主任的个人经验，在实际教学过程中，我们互相学习，共赢共进。

我将班主任的工作经验比作摘星之旅。

一、充分民主，打造班级建设的"恒星"

良好的班级建设是班级管理的基础条件。为了培养班级凝聚力，就要规划如何有效地进行班级建设。

(一) 成立快乐合作小组

在对班级的每一位学生有了充分的了解后，我进行了合作小组的划分。结合我校的"三大"，我编制了评价积分表，将小组合作的理念渗透到学习生活的每一处。

评价积分表

努力小分队	大德育			大体育			大语文		
周次	课间文明	用餐文明	环境卫生	广播操	眼保健操	课间操	课前准备	课中表现	课后作业
第 11 周									
第 12 周									

快乐合作小组的实行也是我校"SS课堂育人模式"的体现。在课堂上,教师通过教授方法、适当引导、交流反馈、及时评价帮助学生完成合作学习,培养他们养成良好的学习习惯,打造有学科特色的、惜时高效的课堂。

（二）及时评价,注重反馈

我校的综合素养评价平台是一套紧紧围绕学校育人目标、不断完善的评价体系,真正做到了评价内容全方位、评价指标全聚焦、评价过程全跟踪、评价人员全参与、评价结果全透明。

二、层层推进,成就班级管理的"行星"

设立班级岗位,分工明确,层层管理,让学生成为班级管理制度的制定者、执行者。

（一）日常行为规范化

对于学生的日常行为,包括进校礼仪、课堂纪律、课间休息等,在开学初都有一个明确的规定,要求每个人加强自我约束和自我管理。

（二）合力协作管理化

班干部是班主任的得力助手,培养优秀的班干部是建立优秀班集体的首要任务。组建好班干部团队后,让他们每日以"1+1"(班长+班干部)的模式轮流值日,负责协助教师管理班级。

（三）奖励制度激励化

制定合适的奖励制度,能激发学生积极向上的学习态度。为了使奖励制度适用于大部分学生,可以将目标奖励制和日常表现优秀奖励制相结合。

三、言传身教,打造班级的"启明星"

（一）培养班干部成为班级榜样

在全班竞选中胜出的班干部是榜样的最佳人选。让他们成为班级的榜样,在思想上自我约束、工作上认真负责、言行上起到模范作用,有利于学生的自身培养。

(二) 树立家长的榜样力量

家长作为学生的第一位启蒙老师,对学生的成长起了至关重要的作用。言传不如身教,在良好的家庭氛围中,更有助于培养学生良好的品质。

四、家校合作,形成教育的"星河"

家庭和学校作为教育过程中最主要的教育力量,要相互支持配合,才能起到强化教育的作用。建立良好的家校合作关系是社会发展的需要。

(一) 转变教育合作观念

现在的教育观念下,家长越来越关心学生在校的学习情况,但苦于没有渠道。这时候,教师应该成为家校沟通的桥梁。在教育问题上,与家长建立一种平等、和谐的合作关系。

(二) 创建良好合作氛围

开学初,建立班级家委会。在密切联系中形成学校、社会、家庭共同配合的教育理念。教师要与家长真诚沟通,营造一种积极、良好的合作氛围。

(三) 构建家校沟通渠道

构建有效的沟通渠道,能使家校合作事半功倍。

1. 建立班级群。在班级群内教师可以及时发布通知、分享班级近况,家长也可以通过班级群与教师沟通。

2. 建立家委群。除了班级群,与家委会的成员也要保持沟通。他们能协助教师处理一些班级事务,并定期把学校和班级的近况通过家委会告知家长,同时也可以通过家委会收集家长对教师或学校的建议。

3. 分享校园生活。教师可以创建一个班级视频号,在视频号中分享学校的各项活动、发生的趣事、学生取得的成绩。家长通过视频号可以了解更真实的校园生活。

　　作为班主任，我们深知带班育人不是一蹴而就的事，要用爱心、耐心、信心、决心，才能找到最适合的方法。与青年教师的互相学习过程也是如此，我愿意帮助他们找到自己的梦想，并在实现梦想的道路上为其助力，遇见更好的自己，摘下最亮的星。

情系三尺讲台　甘洒青春热血

陆春慧

花开花谢,寒来暑往,浸润教坛十四载,守候三尺讲台荣。14 个春秋的磨砺,14 个春秋的蜕变,做教师的路上,我一直在成长。

回顾这 14 年的教学之路,我深深地感受到个人的成长离不开自信、钻研、毅力,更离不开学校环境和教师团队所形成的强大后盾。

一、人人有机会成长

自从我于 2011 年入校后,随着青年教师队伍的不断庞大,如何让青年教师更快进入状态,更快成长成了康城的头等大事。由教务处牵头,联合德育处、综合处开展各类活动,形成育人合力,给入职 0—6 年的青年教师公平成长的机会,其中包括对青年教师在班主任方面的培养和学科教学的培养。

在班级管理方面,我们都被聘为副班主任并配备经验丰富的教师进行带教。通过参与班级管理、班级文化布置、培养小干部、家访等途径不断熟悉班主任工作的基本流程与业务。

在学科教学方面,首先,教务处对全体青年教师提出了教学的基本规范,如进课堂"三知":知道本教时的主要教学目标及要达到的教学效果;知道本教时要使用的主要教学手段、方法;知道本教时的检测点。进课堂"三要":要求学生读的要先读一遍,要求学生做的要先做一遍,课件、音频等预先要放一遍。其次,每位青年教师都安排有学科带教师父,明确带教职责与任务,定期完成师徒双向的随堂听课。这些工作措施的落实,实现了帮助青年教师成长的"三个尽快"——尽快适应教师工作,尽快熟悉教育教学业务,尽快提高教育教学水平。

二、人人有空间发展

德育处每学年度开展副班主任主题教育课评比活动、青年教师主题辩论赛，为我们提供成长的平台。学校每学年度对全体副班主任进行考核，85分以上被纳入班主任后备人选库，90分以上有资格担任班主任，95分以上有学校"康城未来之星"候选资格，并作为优秀班主任培养对象。

学科教学方面，教务处将青年教师培养的重心放在了提升课堂教学素养上，围绕课堂教学，通过"随堂听课、学科活动、主题录像课和教研员带教"四种途径帮助青年教师改进课堂教学。

通过以上活动，一批优秀的青年教师在康城这个舞台上快速地成长起来。我也想讲讲我的学科成长经历。很荣幸，因在学校第一届青年教师教学评比中的优秀表现，我成为区教研员陆耀芳老师的带教徒弟。每一次带教活动，凡是轮到自己上课，我都会精心准备；课后点评时，我认真聆听同伴的点评、陆老师的教育理念和教学改进方法；活动后，我勤写反思笔记，并撰写教学论文。在学校提供的平台上，通过不断的学习和实践，我的教育、教学、科研等方面的能力都得到明显的提升。在踏上教学岗位的第六个年头，我顺利通过了一级教师的评定。评定为一级教师后，我没有停止自己学习的步伐。我先后多次参加区公开课、基地学校导师示范课等教学活动。教科研方面，我不断探索，不断总结，撰写的论文先后多次在区级以上比赛中获奖、在刊物上发表。经过自己不断的努力，2021年7月，我被浦东新区教育局聘为区语文骨干教师，在2023年12月，顺利通过了高级教师的评定。

三、人人有平台展示

1. 丰富的教学比赛：学校为青年教师举办了书法比赛、教案设计比赛、学科教学评比、说课比赛、演讲比赛……既提高了我们的学科专业功底，又提升了我们的学科专业素养。

2. 形式新颖的"课堂改进交流"：案例分享会、青年教师成长论坛。通过交流、分享，展现青年教师的风采。

3. 有趣的学生学科竞赛：

语文："我是康城小书法家"、"亲子阅读"记录卡、经典诵读……

数学："我是 24 点王"、变幻无穷的七巧板、智闯数独王国……

英语：英语儿歌串烧、英语单词大比拼……

每当回顾自己成长的经历，我都会深深地感到，康城学校是我们青年教师成长的摇篮，是充分展示我们聪明才智的舞台。我相信，现在的和未来的青年教师都将在康城这片沃土上飞扬青春，吐露芳华。

做教育的追光者

张 俊

2011年9月，我从浙江绍兴随军调入康城学校，正式成为了一名康城人。初入康城，对我来说一切都是新的——新的学校、新的同事、新的学生、新的教材。还记得我第一次踏上康城学校的三尺讲台，我的心里充满了渴望与担心，渴望的是我的教学方式能够得到学校的认同，担心的是更换教材后自己的课程设计不被学生所接受。在此期间，学校领导和同事手把手地教我熟悉教材，面对面地教我提高课堂效率，教我处理课堂预设与生成问题；在我担任班主任期间，同年级的老师更是将丰富的经验倾囊相授，面对学生的偶发事件也是竭尽全力地提点，让我得以快速成长。在学校领导和同事的指导与帮助下，我的教学水平不断提高，迅速地融入学校的教学团队。入校第一年，我在顺利地完成当年毕业班教学任务的同时，也深深感受到康城这个大家庭对每一个新人的深切关爱和无私帮助。

转眼间，我已在康城的教学岗位上奋斗了12个春秋。12年的教学生涯让我越发感觉自己生活在一个温暖的大家庭中。一次次的组织活动，留下了大家的欢声笑语；一件件工作的完成，浸透着大家的辛勤汗水；老师和学生深厚的师生情谊，留下了一个个感人的故事；球场上学生的欢声笑语在校园处处飘荡。我已经深深融入这个温暖的大家庭，感受幸福，收获理想。我们的莘莘学子在美丽的校园里快乐地学习，快乐地成长，谱写华丽人生的篇章。在可以预见的未来，他们将带给母校更多自豪和荣光。

回顾自己教学探索的过程，我常因为要达到一个小小的目标，寻求一个小小的策略而冥思苦想、费尽周折。但正是在这样的"逆境"中，让我深刻认识到了反思的重要。当我成功设计了一节课，成功制作了一个教具，顺利转化了一名后进生时，我会及时将这个成功的过程进行记录，并反思自己缘何成功，以便于今后能在这方面驾轻就熟，于继承中创新。当我在探索教学模式的过程中遭遇到了失败，当我的课堂教学达不到应有的效果时，我会冷静地思考失败的原因是什么，用什么样的策略、怎样的方法能加以改变，并不断地寻求方法反复进行试验，直到成功为止。我始终觉得，当失败的原因找到了，问题又得以解决时，所谓的失败自然就会升级为更宝贵的财富。而文字，正是保留它的最好工具。就这样，我不停地书写着我的所思所感，在此基础上又不断地探索着、记录着、成长着。

现在，我也可以说自己是一名老康城人了。这些年，我见证了学校的逐步发展，大到干净整洁的新教室，小到草坪上、楼道里新颖可爱的标牌，无不彰显着学校环境的完善。当然，不断发展的不只是学校的硬件，在师生的齐心努力下，康城"五大"教育理念、"SS"的育人文化也逐步取得了家长和学生的认同与信任。我也从一名普通数学教师成长为学校数学学科组长、学校基地导师、浦东新区青年新秀、浦东新区骨干教师。

抚今追昔，我深深地感到，学校是一片热土，让我们执着地追逐属于自己的梦想；学校是不断成长的摇篮，让我们成为能够紧跟时代潮流的人民教师；学校是充分展示才智的舞台，让我们找到属于自己的角色。康城这个大家庭，为我们提供了良好的发展环境，而我们的辛勤劳动也将使我们的学校更加出色。

环境育人，不断前行

陆 清

回顾自己的教师之路，有刚踏入教育行业的热情和憧憬，有专业发展的迷茫和挑战。感谢康城的教师培养环境，在我茫然时带着我成长，当我懈怠时推着我成长，从提供平台让我成长，到我自己想要成长时有平台，一路走来，感恩，感谢。从教以来，我一直担任小学数学教学工作，其间兼任班主任工作 7 年，先后担任过数学备课组长、教研组长、行政后备干部、人事干部。14 年的时间，职称从初级到中级，再到高级，我的专业成长之路缓慢但始终在前行。

初任教师，我是茫然的，想要当一个好老师，但担心自己是否能胜任。在见习阶段，在学校"圈养"＋"散养"的"一徒多师"模式下，我开始了我的教学生涯，在这个阶段，我逐渐熟悉教学环境，转变了身份，并尝试不同的教学方法和策略。感谢这个阶段"一徒多师"的带教制度，同一个年级组的老教师和正式的两位师父，给了我非常大的帮助，每周我都能听不同的师父给我上示范课，不管是她们工整的板书、简练的教学语言，还是精彩的课堂互动，都给了我很多可以学习借鉴的东西。那时，我做的最多的事就是模仿，模仿师父们的课，再根据课后评价进行二次改课，再上课，再修改。同时，每两周一次的区级公开课教研活动，是我必去"打卡"的，精彩的公开课，让我见识到了精心打磨的课堂、课件、教案、教学语言……公开课结束后，我都会厚着脸皮去向上课教师讨要课件、教案，拿到后如获至宝，回来研究，再次学习和模仿。这样的过程让我迅速地成长起来，慢慢形成了自己的教学风格，也有了独立备课、创新教学环节、掌控课堂节奏的能力。

任教两年后，我赶上了学校培养新教师的东风，学校引入了教研员带教制，由教研员指导新教师。一学期一次的教研员带教课，既是压力，又是动力，推着我向前。这个过程是磨人的，会让你体会到从信心满满到推翻重来的沮丧。明明提前了一个月开始备课，查看了很多资料，反复地抠一些细节，精确到每一个连接词应该怎么说,但在试教了几次后,师父们都还是会提出更进一步的意见,那时真的会陷入对自己备课能力的怀疑之中。每当这个时候,师父们都会给我鼓励,教研员也会在指出我的不足之后,肯定我课堂上的精彩之处。当老师的都知道,这有点"打一棒给个甜枣"的意味,但对当时我这个"学生"来说,还是挺受用的。正是在这样的鞭策和鼓励中,我成长的脚步好像更快了。几年之后,我自己带徒弟了,才明白师父们和教研员的苦心。我以为师父们给我上的示范课只是简单的随堂课,其实她们也需要花费大量的心思,需要组织教学语言,需要简练板书,需要去调动学生的积极性,是普通又不普通的课。师父们给我的点评,不是简单地指出我哪里不足,而是给我修改意见,那样的修改意见多宝贵啊,让我知道了可以这样做,可以那样改,而不是简单的一句"我做得不好,让我自己去摸索"。感谢我成长之路上遇到的良师,良师犹如明灯,而我也学着师父的样子带教着自己的徒弟。

评上中级职称后,我的专业发展陷入了瓶颈期。犹记得 2018 年,学校要求青年教师写一份五年发展规划,这给我当头一棒,但让我对自己的专业发展有了更进一步的规划。本以为已穷千里目,哪知才在第一层,我继续踏上了教科研之路。

当教师的前 10 年是忙碌而痛苦的。除了日常教学之外,还要参加各种教研活动,如校公开、署公开、区公开课,教学评比、赛课、课堂改进交流、写体会、写论文、学习新技术……回头看,这些积累和收获又何尝不是另一种幸福呢。

感谢康城的教师培养环境,这才有了我这十几年的积累和发展。每个教师的专业发展路径都是独特的,会因个人和环境的不同而有所不同。但我相信,身在康城,不管你是自己想进步,还是被推着前行,都会在这个温馨而和睦的大家庭中有所成长与收获。

我的挑战与突破

陶丽娜

不知不觉中，我踏上工作岗位已有 15 个年头，一直以来从事小学语文教学工作。一分耕耘，一分收获。我取得的点滴进步都离不开大家不断认同、形成共识的氛围。它明确了教师职业发展的定位和个人发展的方向。新的时代，新的教育理念，教育也进行了新的改革。"双减""双新"政策的落实，对我们教师的工作提出了更高的要求，我从各方面严格要求自己，努力提高自己的业务水平，提升自身文化内涵，拓宽视野，丰富知识，进一步提高管理能力、组织能力，使今后的工作能取得更大的进步。

一、作为青年教师，努力学习，提升素养

我静心学习《义务教育语文课程标准（2022 年版）》等相关书籍，积极备课，认真钻研教材教法，探索新的教育教学模式，努力研究教育教学理论，把心理学、教育学、多媒体教学技术运用于教育教学中。在 2016—2022 年间，我先后上了《威尼斯小艇》等区级公开课，收获一致好评。同时，我认真转化后进生，激励中等生，鼓励优秀生，历年来多次被评为校优秀教师、镇优秀教师，较好地完成了教学工作。此外，我还参加了王雅琴语文教师培训基地培训，成绩合格。2016 年 7 月 1 日至今，我被浦东新区教育局聘为小学语文骨干教师。每学期我都参与骨干研修活动，结合我校的实际情况，把学到的知识运用到自己的教学中。在提升自己业务素质的同时，我还积极辅导学生参加丰富多彩的校内外活动、比赛，学生各方面的能力都有所提高，硕果累累。

二、作为成熟型教师，投身科研，积极教改

在学校文化的渲染下，我积极投身于学校教科研，协助教科室开展教学研究工

作,参与了学校市级课题《依托中国节日'家校社'一体的'三大'特色课程的开发和实施》,还担任 2021 年区级规划课题《小学中高年级语文'快乐读书吧'中有效运用整本书阅读策略的研究》的负责人。我撰写的论文《营造阅读环境 习得阅读方法 收获阅读乐趣》在《浦东教育研究》2022 年第 1 期刊登。新冠疫情线上教学期间,我撰写的案例《线上趣味时光,"语"你同行》被评为优秀奖。我报送的作品《自相矛盾》获得 2022 年上海市中小学信息化教学应用交流展示活动二等奖。2023 年 6 月,我录制的"根据课文,展开想象"课例,被收入浦东小学名师云课堂。

在"双减""双新"政策背景下,我作为康城学校小学语文学科教研组长,在学科组内积极进行教研教改,带头探索新的教学模式,成为我校推行新教研、教改工作的领头人。

我还担任带教青年教师的任务。我带教本校教师徐佳、苏玲,外校教师王艳蓉等,指导他们如何备课、上课、评课,如何与学生交流、与家长沟通。在一年的带教中,他们能较好地掌控班级,课堂氛围活跃,在考评课中取得了优秀、良好的成绩。我还带教本校孙境远老师,经历了一次次的磨课后,他成功上好区级公开课,获得听课教师的一致好评。

三、作为学校干事,勤奋努力,乐于奉献

作为教务干事,我在做好本职工作之余,协助教务处完成了一系列的工作:安排好每周工作;及时做好各类资料的整理和归档;落实主学科常规作业和备课检查,及时进行反馈;针对小学部实际问题进行随堂调研,并完成调研报告。我还按照学校提出的"师资队伍建设、课程体系建设"的总体工作思路、"破二补四"的工作重心,结合区教学工作会议的精神,围绕"天天进步、天天发展",以"基于课标的教学与评价"在课堂教学改进中的进一步落实,着力提升教师单打独斗的教育教学能力。通过对"SS课堂育人模式"的探索,确保每个师生在去年原有的基础上有所进步,真正践行"课堂班主任"职责,最终为实现学校的第二个十年发展计划奠定扎实的基础。

让我们心怀梦想,肩负使命,为教育事业贡献自己的力量。让我们携手前行,书写教育的辉煌篇章。

融入校园生活 展现个人魅力

——我在人际关系中的转变与成长

吴丹凤

从 2011 年大学毕业后进入康城实习算起，我进入康城已经足足 13 年。我的教师职业生涯像是从一棵小树苗成长为一棵郁郁葱葱的树，树下竟然也有一片绿荫。在这 13 年里，从班主任、初中数学教师到年级组长、德育处干事，萦绕在我心头的总是我们的康城文化：自我进取、自我发展的人生观；学生学校至上、凝心聚力、共赢共进的价值观；成就学生、成就他人、成就学校即成就自己的崇高职业信仰。浸润在康城校园文化中，我在人际关系中的转变与成长在不同的阶段都有所实现。

一、一师多徒、一徒多师的人际关系助我打下扎实的教育教学基本功

任教初期，我的班主任导师金爱芳老师曾带教多名见习教师，张、陆、徐、宋四位老师和我。我们都在遇到困惑和困难时找金老师诉衷肠、拿主意，找解决问题的办法。金老师逐渐成了一群 90 后青年教师的知心大姐姐，为每个人答疑解惑，她已经潜移默化地将班主任的工作热情传播给了我们，正所谓"以身教者从，以言教者讼"。

我的学科导师王智谋老师是一位初中数学学科教学资历非常深厚的高级教师。她对我在数学学科教学上的教导为我整个初中数学教学生涯奠定了扎实的基础。在教导我的过程中，她除了对我进行学科教学方法的指导，也曾对我进行挫折教育，向我讲述自己在黄岩实验中学的那些从痛苦到喜悦的经历，以及每晚挑灯备课并兼顾家庭的刻骨铭心的经历。来上海之前她通过自己的努力，受到了家长、学

校、社会的肯定，最终评上了高级教师；到了康城之后，又继续扎根在新的土壤里，从事一线的数学教学工作，兢兢业业，不忘初心，从不怠慢。

我从康城一师多徒、一徒多师的人际关系中获得的不只是教育教学的方法技能，更多的是人文关怀，以及对我校"一代中师"教育教学敬业精神的传承。

二、多岗位的历练、多方位的成长

进入教师岗位的第一步肯定是成为一名合格的班主任。作为一名班主任，我与家长沟通的方式方法在多年的班主任岗位上得以磨炼，处理班级学生人际关系的能力得以提升。我在班主任岗位上体会最深刻的是：作为教师要以平等、尊重的心态与家长开展沟通交流活动，一定要尊重家长的人格与观点；要努力创设耐心、诚心的家校沟通环境，让家长轻松、愉快、积极地面对学校和教师。这会为家校生合力创造一片沃土，开放出更灿烂的花朵。

进入班主任岗位之后，我又经历了几年年级组长的工作。年级组长和班主任的不同之处在于，除了班主任的常规工作以外，必须贯彻执行年级组的学生思想教育工作、倾听年级组老师的迫切需求。要与学校各部门保持紧密联系，年级组工作做到上传下达。除此之外，还有学生会、家长会的组织和执行，班级工作的布置等。我时刻牢记一点，不论遇到何种突发情况，都需要耐心、沉着、仔细地应对，团结年级组老师，友爱年级组学生，只有互帮互助，年级组这艘大船才能稳步前行。我在这样和谐、温暖的人际关系中担任了几年年级组长，虽然工作繁忙，但是在积极的人际关系中，真正做到了身累心不累。

在年级组长岗位历练之后，我又来到了初中部德育处担任了实习干事。从班主任到年级组长，再到德育处干事，像是从点到线，再到面。经历了一年的德育处基础工作，我真正领悟到：必须心怀整个初中部，甚至整个学校，才能踏踏实实完成本职工作。各年级家长会的资料收集、行偏生的档案建立、全员导师工作的执行等工作都是为了完善学校的德育工作，为学生创造更好的德育环境。进入初中德育处这个大家庭之后，我才发现德育活动实际贯穿在学校工作的方方面面。同时，我也感受到：理解班主任工作的辛劳，有效且精确地布置德育工作是多么重要。这里的人际关系，也从点拓展到了面，面对认真对待班级工作的班主任们，我更加不敢懈怠，加强沟通；面对各种行为出现偏差、心理出现问题的学生，我更加要增强自己的沟通、引导能力；面对为了学生特殊问题来校沟通的焦急的家长们，我必须要加强自己处理问题的能力，提高交流的艺术水平，争取化解家长与学校之间的矛盾，帮助家长和学生理性解决问题。

融入康城的校园生活后，良好的人际关系能够让人产生积极的情绪，而在忙碌的工作中，支撑自己前行的就是这些积极的情绪。进入德育处之后，我越发觉得，建立健康、积极的人际关系可以增强我们的幸福感，更好地实现自我发展，在团体的魅力中展现自我的魅力。

成 长 与 反 哺

曹君丽

今年是我在康城的第 13 年,在这 13 年中,我经历了一个从新教师的迷茫到中年教师的兢兢业业的历程。这一切还要从我在康城这个团队中获取的知识、经验说起。

一、康城为我搭建专业成长的平台

记得作为青年英语教师时,我时刻学习新的教育教学理论与方法,并不断进行实践和改进,在理论学习与实践运用中不断提升自我的教学能力。我积极参加学校和浦东新区的各种培训,努力提高自己的专业知识水平。平时我还认真阅读各类书籍,为自己充电;向有经验的教师虚心求教,不断改变自己的教育方式和教学方法。在参加完教研活动后,我及时进行反思总结。对于我的教学理念和教学能力帮助最大的还是一次次的比赛课,平均一学期一节的区或署公开课、数不清的教研员带教课,见证了我一次又一次的成长。后来,我被聘为基地导师,同时又加入了团队带教的队伍,把我的成长辐射到了更多的青年教师。

二、我的成长反哺青年教师

在被聘为基地导师,加入了团队带教的队伍后,把在教育上的经验分享给青年教师就成了我的新任务。

1. 分享教学经验

对于青年教师,我会事无巨细地讲解,从最简单的教学方法开始。语言的学习是一个不断积累和叠加的过程,势必存在以旧带新的教学活动。一味地教授旧知就无法获得更新的讯息，一味地教授新知就不能使学生感受到语言的递进性。而对于语言能力略低的学生则会产生学习上的障碍，无法激起他们对于英语学习的热爱。所以为了使课堂教学变得有效，我们在教学设计时要酌情考虑到语言的递进性，不断复现旧知，从而增强记忆效果，达到对语言的熟练运用。我也会告诉青年教师一些有用的教学方法，例如使用一些微学习的方式促进学生学习。微学习于小学生而言，就是通过将学习模块、学习单元分割成相对较小的学习单元及短期的学习活动，将所学的知识模块强化，对重点知识利用 PPT、视频、微信、微博等方式进行接收和学习。微学习的过程正是力求让学生根据自身需要，以学生本身的需求为中心，在适当的时间和地点，选择适切的方式和学习内容，匹配相应的教学进度进行微学习，实现教育的个性化，让学生自由学习。我会将自己所学习的关于教学方法的任务型教学的点点滴滴，在自己的课堂中认真实践，也将心得体会和学习成果分享给青年教师。

2. 分享教研成果

在区级层面，我通过工作坊的学习，了解到了先进的学习理念，例如关于在听说教学中实施任务型教学的研究，这些我也会和青年教师进行分享。我和青年教师探讨在任务型教学过程中既要注意语言的意义，也要注意语言的形式。语言的意义与形式是学习的基础。建立语言结构能帮助学生在完成任务时抓住重点，使他们学习有重点。而在听说教学中注重语言的意义，能够将学生的注意力集中在内容的理解层面上，帮助学生通过理解学到新知识，完成任务。完成任务的过程中，学生会不断提升成就感，增加浓厚的学习兴趣。因此，在听说教学中设计交际性任务时，设计前期阶段以注重意义、关注形式为原则，先完成语言形式的学习，学生在语言形式的基础上，通过形式与意义相结合，形成自己的交际语言，将语言运用于生活中的真实交际环境。在分享经验的过程中，我还会以真实的案例向青年教师进行展示。

课堂永远是学生习得知识的主阵地，所以把握好课堂教学的有效性就显得尤为重要。我将自己的所学毫无保留地教给青年教师，用一颗感恩、真诚的心帮助他们成长。一次次地和青年教师进行课堂改进交流、小组合作交流，每一次活动都是一个阶梯，我会将自己的感悟、所学同他们讨论分享，在教育事业上共同进步。

第三章

向阳而生，奋发向上

青年教师在培养培训氛围中的率先成长

2012—2017 年期间,康城学校构建了青年教师率先一步成长成熟的"阶梯式发展"三个机制(公平成长机制、培训培养机制、选拔提升机制),进一步促使青年教师认同、理解教师发展之路,树立正确人生观、价值观,逐渐认同、融入校园文化,在团队合力中互相学习,产生内在原动力,形成文化自觉基础上的行为自觉、学习自觉和专业自觉。

培训培养机制助我勇攀高峰

——记录我专业成长之路的这十年

傅丽莉

    1987 年出生的我,2012 年 3 月毕业于东华大学外国语言学及应用语言学专业,硕士研究生学历。在大学期间,我光荣地加入了中国共产党。备感荣幸的是 2012 年 7 月,我成了一名光荣的人民教师,在上海市康城学校担任英语教学工作。不知不觉,迈入教育教学工作已有 11 年,我在 2017 年被评为中学一级教师,2022 年评上了高级教师职称。一路走来专业发展非常顺利,特别要感谢康城给我提供的平台。下面我将我的专业成长之路与大家一起分享。

    我们学校注重青年教师的培养,培训培养机制包括普及性的培训培养、提升性的培训培养、进阶性的培训培养。该机制是新型城郊学校对新一代育人者在原有水平基础上,重点关注其发展的内涵和方式,寻找切合学校可以操作的模式或机制,从而有效实现学校以促进教师专业发展为核心下的可持续发展机制。

    在 0—6 年培养初期,校长经常给我们青年教师做普及性的培训、讲座,让青年教师树立正确的职业价值观和理想。工作中以学校"SS 课堂育人模式"为核心思想,认真落实课程计划,落实教育教学工作,以身立教,教书育人,始终把坚持培养学生核心素养和良好的道德品质放在首位。我热爱工作、有大局观,不因个人的私事而耽误集体工作,积极做好时间管理,认真把能力范围内的工作做到最好,并坚持学习新本领、新技能,与时俱进,努力提高自身素质。我在工作中团结同事,尊敬领导,服从学校安排,生活中宽以待人,牢固树立全心全意为人民服务的宗旨意识,帮助身边需要帮助的人。

    康城提升性的培训培养机制注重挖掘青年教师的特点。令我印象深刻的是为期一年多的英语教师高端培训,外籍教师给我们英语教师做讲座、培训,我们听课、磨课、做教学展示等。培训使我在教学上进步很大，我精心设计每一节课，正确处理和把握教材，能深入浅出地解读教材，并挖掘学科内涵；我认真反思课堂的得失，不断地积累教育教学经验。这让我学会了观察生活，将英语学科的知识与学生生活紧密结合，激发学生的学习兴趣，使学生学有所感，学有所悟，学有所得。此外，我善于将英语学科素养渗透于每堂课中，使学生在学习知识的同时，树立正确的人生观和价值观。在课堂教学中，我注重学生英语能力的培养，鼓励学生敢说、大声说、自信地说。同时，我还注重课堂观察，细心发现学生目前阶段的学习问题，并开展研究，寻求提高他们英语水平与技能的方法。课后及时批改作业，及时反思教学中的得与失，是我每天坚持认真做的常规工作，同时积极聆听优秀教师的优质课，不断总结，寻求突破。

通过培训、实践和积累，我在教学上取得了一些成绩，我 2019 年所带的毕业班市重点录取率达 26.3%，高中录取率高达 94.7%。我指导的学生在 2021 年获得上海市青少年科学思创比赛三等奖。我在 2019 年和 2022 年获得康桥镇优秀教师的称号，2017 年获得浦东新区中青年教师评选二等奖。经过不懈努力，我在 2021 年获得了浦东新区英语骨干教师的称号，这是一个美好的开始，我将以一位优秀的骨干教师的身份严格要求自己，不断奋进。

第二个令我印象深刻的培训是区科研骨干培训。在 2016—2017 年，我聆听了很多专家的讲座，跟着教发院郑新华老师学习做课题，和学员们一起开题陈述、听课、磨课、做教学展示、写论文，收获很多。近 10 年里，我发表了 4 篇有关英语教学的论文，主持过 3 个课题，还担任过学校子课题负责人，获得过浦东新区优秀论文奖、黄浦杯，以及区第十届科研成果三等奖等荣誉。

学校倡导"圈养"和"散养"的方式，运行培训培养机制。"圈养"指学校为青年教师提供的成长平台，比如青年教师培训班等。"散养"指青年教师立足于自身需求的自我专业成长之路，提出"自生长力"并逐步强化"自生长力"。在这种自由与规约的成长模式下，我的专业发展之路是丰富多彩的，我的角色经历也很丰富，担任了长达十年的班主任，担任过备课组长、年级组长、学校后备干部。作为班主任，我关心热爱每一位学生，关注孩子的成长教育，善于抓住教育的契机，启迪学生的心智，促进孩子各方面的素质成长。作为备课组长，我积极组织年级教师进行集体备课，集思广益。作为年级组长，我致力于协调教学、管理学生事务、组织年级活动，促进师生沟通，确保教育质量。作为学校后备干部，我时刻不忘严于律己，响应学校号召,为青年教师做出表率。

感谢康城,使我成为一名工作踏实努力、具有科研精神、业务能力较强的青年教师。在未来的 10 年,我将树立新的目标,朝着成为一名正高级教师的目标努力奋斗,培训培养机制助我勇攀高峰。

培养机制促进师生共同成长

俞智闻

印度大诗人泰戈尔这样写道："花的事业是甜蜜的,果的事业是珍贵的,让我干'叶'的事业吧,因为它总是谦逊地低垂着它的绿荫。"教师的事业不是轰轰烈烈的,但是却一直润物细无声般地滋润着每一名学生的心灵。怀抱着对教育事业的无限憧憬,2012 年,我来到了上海市康城学校。进入康城的第一天,在青年教师座谈会上,校长提出了要求:"新教师前三年要吃苦勤奋,崭露头角,五年要在学校立住脚跟,八年成为学校的骨干教师。"从那时起,我就知道,在康城工作的日子会很不容易。

但是同样,我很幸运,因为我来到的这个学校,对于新教师的培养有着一套成熟的理念,它让我明确了方向。

第一年时,我就参加了好几个座谈会,唐校长时刻提醒我们关注学生的全面发展。所以,我努力成为一名拥有正确教育观的"阳光教师",努力成为一名充满青春活力、充满朝气的教师,努力成为一名敢拼勇闯、坚持独立思考的教师。学校对青年教师的培养是尽心尽力的,每学期都有各式各样的比试来考查我们的成长:校青年教师演讲评比活动、校青年教师班队活动课比赛等。有的活动让我们不断地学习创新的教学理念,有的活动让我们更好地实践自己的教学理想。

感谢康城。康城的体育教研组让我明白了团队合作的重要性,也让我感悟到了前辈对晚辈的包容之心。这种承前启后的无私精神,让我感受到了康城体育组的生生不息。

12 年来,我不断地摸索实践。我发现,像我们这样的青年教师,只有多听课、多上课才能够在经验的积累中提高自身的教学能力。所以,我对每一次听课、上课的机会都非常珍惜。无论是学校教师的课,还是市、区组织的公开课、观摩课或者研讨课,只要有机会,我都会积极主动参加,不断地学习如何听课,如何上课。

一个好体育教师的标准之一是能带训练队。我非常感谢领导对我的信任,前年开始让我接手了校手球队。在市级和浦东新区中小学手球比赛中,我多次带领学校男子手球队取得第二名的成绩;各班的手球运动也火热开展起来,甚至女生也积极参与。我能够长期坚持带领学生进行体育业余训练,带领学生科学系统地训练。为了不耽误学生的学习时间,天不亮我们就起床训练,冬天也不例外。在训练过程中我努力做好学生与家长的思想工作,使家长能够让学生训练,让学生安心训练。

　　我在康城成长,康城看我成长,它让我拥有了更丰富的人生,让我更多地感受到了人生种种,也让更多的人感受到了我的热情、坚定。

　　12年来,我不断地摸索实践。我发现,只要把学生放在第一位,心里想着学生,成就了学生自然就成就了自己,取得的成绩是最好的证明。

康城培养机制下的成长之路

陆华良

2013年,我踏入康城学校的大门,正式成为一名小学部的语文教师。初入职场,面对全新的环境,我难免有些不适应和压力。然而,康城学校那浓厚的校园文化氛围、完善的青年教师培养机制,以及领导和同事的关怀与帮助,让我迅速成长,逐渐找到了自己的定位。

一、融入康城文化,开启成长之旅

进入康城,我首先被这里注重培养学生综合素质、强调创新精神和实践能力的教育理念所吸引。为了更好地适应康城的教学环境,我积极参与学校组织的各种培训和学习活动,不断提升自己的教育教学能力。在师徒带教、教研员带教的模式下,我不断听、评课,提高自己的专业素养和教学水平。同时,我也注重与同事之间的交流和合作,共同探讨教学中的问题和困惑,分享教学中的经验和成果。在这样的学习和交流中,我逐渐融入了康城的校园文化,成为这个大家庭中的一员。

二、公平成长机制下的行政与干事之路

在康城学校,每一名青年教师都有平等的机会展示自己的才华和能力,都有平等的机会获得发展和提升。这种不分资历、只看绩效的工资制度和选拔机制,让我看到了自己的成长空间和未来。

2017年,我迎来了职业生涯中的一个重要转折点——开始接触少先队工作,这是一个全新的领域,也是一个充满挑战与机遇的舞台。我虚心向有经验的辅导员请教,学习他们的管理方法和技巧,积极参与各种培训和学习活动,不断提升自

己的专业素养和理论水平。随着时间的推移，我逐渐从协助者成长为学校少先队工作的中坚力量，正式成为了大队辅导员。

在康城，提升选拔机制对我个人职业成长的影响是深远的。它不仅为我提供了展现自我、实现价值的平台，更激励我不断超越自我，追求更高的目标。从最初的"康城之星"年度评选荣获"未来之星"，到后来成为行政后备干部，再到最终成为学校行政部门的一员，每一步的晋升都是对我过去努力的肯定，也是对我未来成长的期待。

三、绩效工资制度下的持续成长

康城学校的绩效工资制度让我深刻体会到，只有做得多、做得好，才能获得更多的认可和回报。这种制度不仅激发了我的工作积极性，也让我更加明确自己的职业目标和发展方向。我知道，只有不断努力、不断进步，才能在这个竞争激烈的环境中脱颖而出。

回首走过的道路，我深感庆幸和自豪。庆幸自己能够在康城这样公平、开放的环境中成长，自豪自己能够通过自身的努力和表现，获得认可和晋升。在未来的日子里，我将继续秉持康城的教育理念和文化精神，为学校的发展贡献自己的力量。同时，我也将不断提升自己的专业素养和综合能力，为培养更多优秀的学生而不懈努力。

康城学校不仅为我提供了一个施展才华的舞台，更为我搭建了一个成长的阶梯。在这里，我学会了融入校园文化、在公平成长机制下成长、在绩效工资制度下不断提升自己。我深知，这些经历和能力将伴随我走过未来的教育之路，成为我不断前行的动力和支撑。在未来的日子里，我将继续在康城这个大家庭中书写自己的成长之路，创造更加辉煌的明天。

借力·蓄力·发力
逐梦·奋进·续航

乔 华

2011年夏天,怀着梦想,带着期待,我进入了上海市康城学校,经过了短暂的彷徨和迷茫,我渐渐步入正轨,走上属于我自己的成长之路。

一所好学校是新教师能迅速成长的必备条件,而康城就是这样一所好学校。一所好学校需要一位好校长,而唐校长就是这样一位好校长,为了助力新教师能率先一步成长成熟,他为我们创建了公平成长机制、培训培养机制和选拔提升机制。而我是幸运的,享受到了学校给予青年教师的激励机制,让我无论在管理上还是专业上都走上了一条健康的成长之路。

一、依托学校,逐梦启航

1. 借力

依托学校的"一师多徒"和"一徒多师"机制,我受益匪浅。不仅是我师父康老师,还有其他前辈,他们循循善诱,倾囊相授,让我这个初出茅庐的"新生"很快学会了如何上体育课。学校请来的徐燕平老师、朱德明老师等一批学科名师,又让我深刻体会了如何上好体育课。正是由于这些力量,助推我一步步成长。

2. 蓄力

依托学校的培训培养机制,我连续多年担任班主任,不断积累管理育人经验。我积极参与各级各类培训及专业评比。3年时间,我上了3节区级公开课,参加了浦东新区新教师基本功大赛,以及署级公开课评比活动。2017起,我连续两年担任学科组长,2018年进入浦东新区体育名师基地班。正是由于不断的蓄力,让我在专业的道路上率先成长。

3. 发力

依托学校的公平成长机制,2015 年我评上了中级职称,2017 年、2018 年我先后成为基地班主任和学科带教导师,2018 年被聘为浦东新区学科中心组成员。正是依托学校,才让我在合适的时机,发挥出一名青年教师的潜力,让我顺利走上成长的康庄大道。

二、自我督促,助力发展

康城在取得第一轮发展成果的同时,也进入了学校第二轮发展。唐校长随即提出了"学校发展共同体",而作为生力军的我,显然已经不能满足于过去的成绩。所谓"欲穷千里目,更上一层楼",我也随同学校走上了第二轮发展的成长之路。

1. 逐梦

作为一名人民教师,我觉得职业价值的体现要有一定的高度、深度和厚度,只要有学生的地方,都可以成为发光发热的舞台。为了逐梦,2019 年 8 月,我随第九批上海市援藏工作队前往西藏日喀则开启了为期 3 年的援外之路。3800 米的海拔成了我逐梦的起点,也让我对职业价值有了更深的认识。同时,我也迈上了学校管理的成长之路。

2. 奋进

工作的艰辛愈加促使我不断奋进。2020 年我评上高级职称,2021 年被聘为浦东新区骨干教师,2021 年被授予浦东新区脱贫攻坚工作嘉奖,2021 年被日喀则市人民政府授予优秀援藏教育人才称号,2023 年被西藏自治区人民政府授予全区优秀教育援藏人才称号。

与此同时,为了教育的初心,为了更多地体现自我的职业价值,2023 年 2 月,我随第 11 批上海援疆工作队,去往新疆喀什莎车县,开启了又一轮 3 年援外之路。也许这让我成为浦东新区,乃至全上海第一位"3＋3"的援外教师。正是由于浦东新区教育局和康城学校的大力支持,我得以在这个舞台上拼搏奋进。我也期待,在 3 年援疆工作结束之时,给党和人民,给浦东教育和自己交上一份满意的答卷。

3. 续航

从班主任、基地导师、学科组长到学校中层,从援外教师到援外教师领队,从专业到管理,一步一个脚印,这也成了我新的开始。2023 年我参与了题为"深化课程改革背景下的体育课堂教学实践研究"的区级重点课题,发表了题为《"双新"背景下体育教师观课评课的策略分析》的核心期刊论文,并获得了浦东新区第七届中小学体育科研论文评选中学组二等奖;我还被授予莎车县优秀援疆教师称号。这些都为我的成长之路不断续航。

感恩康城的培养,使我不断茁壮成长,我也将不断完善自我,努力奋进,为打造理想康城,做出我们青年一代应有的贡献。

我的科研成长之路

徐 佳

我 2013 年入职康城学校，至今已经整 10 年了。回顾这 10 年的教学生涯，我有幸得到了学校、教研员，以及教发院专家的肯定和给予的机会，让我的专业化道路从校内走到校外，从学校的"科研之星"、基地导师到走向校外参加青年科研骨干培训班、李百艳语文教师培训基地、科研中心组，每一个身份我都无比珍惜。我深知，自己每一次的蜕变和成长都离不开学校的培养。

学校的育人模式，让更多的青年教师从校内走向校外，从站上讲台，到着手做科研。学校培养人，不单是让教师做好教师，也力求让教师成为优秀的研究者。

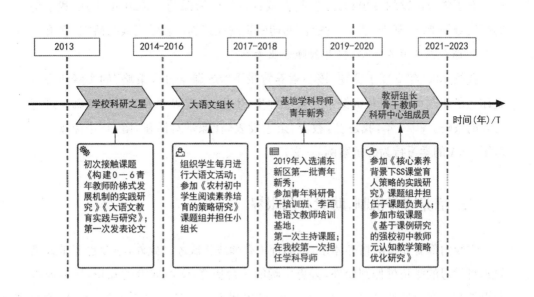

一、学校的科研氛围,促我专业成长

1. 课题丰富职业感悟,实现职业成长

刚入职的时候,我作为青年教师参与市级课题《构建0—6青年教师阶梯式发展机制的实践研究》,在学校文化的熏陶和"1+3"微工作室体制的引领下,我在实践中感悟和体验教育教学,并逐步实现阶梯式成长发展。其间,我还参与了"我的教育观"征文比赛并获得一等奖。

2. 阅读类系列课题探索阅读策略,积累理论成果

依托学校"大语文"建设的背景,我曾参与国家教师科研基金"十二五"教育科研规划重点课题《大语文教育实践与研究》,从听、说、读、写四个方面让大语文思想落地。

在学校《农村初中学生阅读素养培育的策略研究》这一区级一般课题中,我们课题组成员跨学科合作探讨提高学生阅读素养的策略,我在2020年6月发表论文《基于学情诊断的比较阅读循证实践》,探索用比较阅读的策略提升学生的阅读能力,培养他们的阅读兴趣,促进他们思维的发展和提升。

有了学校课题的带领和经验,我尝试着自己申请课题。2020年9月,我主持的区级规划课题《基于"活动·探究"的初中生现代诗创作教学实践与研究》立项。

3. 课题探究育人策略,提升教师专业素养

我校2020年立项了课题《核心素养背景下"SS课堂育人策略"的实践研究》,我作为子课题负责人,负责探索在融洽师生、生生、家校等多方关系的基础上进行育人的策略。2022年,我还在《教育》杂志发表《让课堂对话在"留白"中流动——基于LSA的学习行为分析案例》一文。

二、培养培育机制,助我开阔眼界

学校内部有完善的培养体系,帮助青年教师成长成才。此外,学校也非常鼓励教师将学习的触角延伸到校外,去更广阔的平台历练,学习前沿的知识,让专业本领更扎实。在学校的鼓励下,经过选拔,我顺利进入了第一届青年新秀的培养和学习。

1. 李百艳语文教师培训基地，探索"对话"教学

2019—2021年期间，我参加了李百艳语文教师培训基地。

在研修期间，我立足于新教材，从课内延伸到课外，探索"对话"教学。以对话技巧深耕语文课堂教学，探索"对话"教学艺术；以对话特质深研微型课题研究，凝练"对话"教学思想；以对话书籍促进阅读写作，提升专业成长动力。这推进了我语文教学模式的改革创新，促进了自身的专业发展。

2. 青年科研骨干培训班，探索"元认知"策略

在培训班中，我跟着导师学习如何做课题，我们围绕学生的阅读，设计多种"元认知"策略来组织阅读活动，引导学生关注自己的阅读认知过程，有意识地进行阅读，并建立阅读"前""中""后"的全局观，以此提升阅读效率和自主探究能力，最终提高阅读素养。

3. 前沿科研工作坊，学习"多模态教学"

在第一期的前沿工作坊中，我们跟着华师大的肖教授学习"多模态教学"和课堂话语切片分析。通过对课堂上师生的话语进行逐帧分析，我们了解到教师的语调、音量等伴语言模态与肢体动作、眼神、身体移动等非语言模态对提高指令的有效性。

4. 多平台历练，提升自我

在浦外教育集团举行的"卓雅"论坛中，我做了"基于'活动·探究'的初中生现代诗创作教学实践与研究"的分享；在青海果洛州、云南怒江教师团来沪学习时，我和傅丽莉老师作为康城带教团，做了"基于子课题'关系融洽'的课堂育人策略研究——兼谈我的课题实践探索经历"的讲座。

我的科研之路轨迹从校内走到校外，又回到校内。作为语文教研组长，我将在外面学到的前沿科研知识带回教研组；作为学科导师，我将内化的教育教学本领传授给徒弟。

学校让青年教师走出校外学习，学有所成的青年教师又将所学反哺学校，一批又一批的青年教师在校内外的各个平台历练并成长着。在我入职的这些年，正是因为这些经历的浸润和熏陶，让我在教学和科研方面有了飞速的进步。

10年一晃而过，下一个10年，怀着感恩，继续出发！

在历练中成长

——10 年成为"新"教师

徐梦雨

一、初登讲台,渐入佳境

2012 年,即将从英语专业毕业的我面临人生第一个重要抉择,毕业后我要从事什么样的工作? 周围的同学有的进入了外资企业成为白领,有的选择考研深造,也有不少同学利用语言优势出国。10 多年前的今天,很少有与我做出一样选择的同学,我在这条路上并没有前辈之见可参考。但我知道自己喜欢当教师,一路跌跌撞撞自学心理学、教育学,可谓好不容易拿上教师资格证正式上岗。我有幸进入康城学校,成了一名人民教师。

非师范毕业的我,光凭着一腔热情教书是远远不够的。就在那一年,浦东新区开启第一个"见习教师规范化培训"项目。康城学校顶着压力申请成为基地学校,为当年进来的 20 多名新教师开展教育教学全方面培训。摸着石头过河,集团队之合力,当年那一幕幕"师父领进门"的画面如今还清晰浮现眼前。"一师多徒、一徒多师"的理念影响了我初期对于教师职业的认知。学艺并不是简单的复制和传承,而是取各家之长,补自身之短的过程。快速进入角色的秘诀必然是实践加反思。随堂课、教学展示课、案例磨课,一次次被推上讲台,深层次剖析课堂,内心的忐忑不安逐渐被抚平。都说初生牛犊不怕虎,曾经以为自己已经会上的那些课,回过头来想不过是幼稚的小儿科。但那时候师父们的肯定和同事们的鼓舞给了我莫大的信心。

因为不足,我渴望汲取一切我可以学习到的优秀课堂的教学精华,向所有我可以请教的优秀教师学习。师父给了我一张光盘,里面满是市级展示课的资料,我如获至宝,每备一次课都要揣摩、模仿、反思、创新。而 10 年后,我带了徒弟,发现她熟练操作着平板,用手写笔在平板上书写教案如行云流水,电子白板技术远超于我。我依旧有不足,但我乐于做一个新人,探索自己不太擅长的领域。

二、敢于创新，实现提升

为师，不可停下学习的脚步。但向谁学？怎么学？最简单的方式是以书为友，与大家对话，增长见识，并获得精神上的充实。批判性地学，坚持有自己的思考和判断。同时，学校给了我宝贵的平台，参加完浦东新区优秀乡村教师培训后，我对做一名优秀且自带光芒的农村教师有了向往。虽然曾经抱怨过生源的不佳阻碍了专业发展的脚步，但现在我要感谢我教过的学生。在教学中，我逐渐相信他们拥有无限潜力，四年的教学相长足够让他们储存闪闪发光的能量。

他们说："老师，你的英语课堂跟我高中老师的很像，甚至到了大学都还有那熟悉的 presentation 环节。"比起让学生成为语言学习的奴隶，我从不会因为他们是农村学校的学生而让他们放低看向世界的眼光。取消课前五分钟那周而复始、不知默写了几遍的课文词组默写环节，我带领孩子们看英语新闻，聊热点话题，翻译他们一开始晦涩难懂的句子，甚至给学生一节课的时间表演课本剧。

我也时常反思自己，如果我跟新一届的学生产生了代沟，那必然会使我的课堂变得索然无味。我敢于做一个新人，用他们接受的教学方式，让自己不落入俗套。

三、不断求索，修炼自我

如今，我依旧是一名"新"教师——新一轮浦东新区骨干教师，见习基地学校新教师的导师，学校初中英语教研组的新组长。10 多年来，感谢这一路助我成长的人，让我站上了一个新的起点。随着新课标出台，新教材蓄势待发，不畏求新，潜心修炼，才能积聚前行的动力。

我的小课题研究还在起步阶段，而依托学校大中国的课程，我的课题也具备了一定的实践基础。我想聚焦"教"与"学"的具体问题，增强学生英语学习中的文化自信。从理论到实践，从文章到成果。其中的每一步都是我作为一个新人的全新挑战。但因为有了团队的力量，我并不惧怕研究过程中的困难。从什么都不懂到全局规划，这离不开每一位指导过我课题的同人。

既然选择了做一名教师，便要不断地重新审视如何做一名好教师。教育的光应该自己为自己点亮，执着前行，因为修炼之路就在脚下。

向阳而生，超越期待
——沐浴在康城阳光机制下的青年一代

李　敏

10 年前的新学期初，唐正权校长在青年教师大会上提出一个问题："你们眼中工作是一份职业，还是一种生活？"彼时我们都是刚入职的"菜鸟"，满脸疑惑。在这10 年间，我和所有同事一起沐浴在康城学校"（文化）引领人，（制度）激励人，（体制）凝聚人，（机制）培养人"的阳光机制下，得到了飞跃性的成长。"康城文化DNA"流淌在我们这一代人的血液里。

一、每个人都是一颗"好种子"

上海市康城学校是浦东新区优秀基地学校，见习教师规范化培训内容丰富且扎实。学校实行见习教师双导师制度（学科导师和班主任导师），确保了全方位带教。初入职场的我们好似一颗颗种子，被康城学校精心地呵护照料。

我的学科导师坚持每周一次对我进行听课、评课，仅是一次普通的随堂课，吴老师就把我的教案反复修改、上课环节一一打磨。这样的指导频率和深度让我的专业技能飞快提升。班主任导师邱春华是一名带班 20 多年的老班主任，对待学生处处体现着"润物无声"的大爱。两位导师用朴实无华的行动践行着责任担当，让我这颗小种子第一次感受到康城人的"专业"和"敬业"。吴老师和邱老师是康城两百多位教师的缩影，师训处奚爱玲老师告诉我们："在康城，只要愿意用心观察学习，你总能找到导师。"

二、"好环境"（机制）造就"好种子"

见习培训结束后，我们这些种子开始"冒芽儿"的旅程了。成长万般难，好在康城有一套精心规划的青年教师培养机制。唐校长提出的"康城文化DNA"为我们青年教师教学育人工作奠定了基础,指明了方向。他在会上说:"你们青年一代身上担着党的教育事业的使命,要认清形势勇往直前,要抬头看路埋头拉车。"每学期末的青年教师作业我们从不敢随意糊弄,也正是这样的梳理,让我们紧紧跟随康城精神,一遍遍打磨自己。2021年末的教师大会上,唐校长让我们站在"校长"的角度模拟如何管理学校,当时我写下的《假如我是校长》一文竟得到了公开演讲的机会。挑战与机会并存,反思与创新共生,康城就是这样历练着我们青年一代。我们逐渐领悟到:教学育人是一种刻在骨子里的使命,我们青年教师要为自己的成长负责,更要为学生的成长和康城的未来负责。

学校德育处为青年教师提供了副班主任的锻炼岗位。我在这期间目睹了班主任们各具风采的带班育人风格。他们严肃且活泼,从容且有方,教育对他们来说是对每一个生命成长的敬畏。刚跟班时,我因为性子急跟家长发生了争执,班主任张红老师耐心地教我与家长沟通的方法。在我的印象里,康城的班主任们总能站在家长的角度思考问题,在家长面前又处处维护任课教师的形象。我在他们身上学到不少经验做法。如今我已经是一名班主任带教导师,如果我把自己比喻成一朵七色花,那么每一片花瓣都带着前辈们的颜色。

学校教务处为青年教师搭建专业成长的平台,不过我更愿意称之为"试错机会"。教务处为每一位青年教师安排一学期一节的教研员"带教课"。刚开始我们因为上课经验不足而出错,出错带来的是进步,教研员和教研组同事们耐心的指导让我们的专业技能飞速提升。在教务处的集体备课制度下,我们青年教师一起"啃"课标,一帧帧磨课堂实录,改进课例……我们的积极性很高。小学部的顾副校长常对青年教师说"在犯错中及时发现短板,实现自我成长"。为了备一节课,我们会一起头脑风暴而忘了吃饭,甚至半夜想到了好点子也要立即探讨,充实又有趣。10年了,这样磨课的热情只增不减。

康城学校公正阳光的绩效制度和青年培养机制,让每一位康城人在与学校共进共赢的路上充满干劲和幸福感。我们青年教师得益于此,闲谈时常说"学校的各项机制让我们工作时'眼前有路,心里有底'"。

三、"好种子"向阳而生,超越期待

在这10年里,身边的青年教师都取得了骄人的成绩:区骨干教师、学科带头人、高级职称、名师工作室……我自己也从一名新教师，成长为行政干事。10 年来，康城以公平、公正、阳光的青年教师培养制度，为我们搭建了校级、区级、市级平台。很庆幸我们没有辜负康城的培养，更超越了她的期待。今天，我们在各自的舞台上发光，用优异的成绩呼喊——我们都是康城人！

转眼，我们已经从小种子成长为这片土地上的中流砥柱。接过前辈们的接力棒，我们将赋予康城各项机制更多的时代特征和活力，让一批批的后来者也能自由沐浴在康城的阳光机制下，扛起教书育人的使命，传承"康城人精神"，让"康城文化 DNA"流淌在每一个康城人身上。

康城教育理念下的成长之路

秦 艳

"育人先育己""要学生做到的教师先做到""成就学生就是成就自己"……这是康城学校的办学氛围,也是对康城教师的培养理念,深深烙印在我12年的教学生涯中,认同、践行,为着共同的教育理念而并肩前行,一路成长。

认同康城的理念,喜欢康城的氛围,为此,我选择了康城,康城也选择了我,我们结下教育的缘分。

2012年,我正式进入康城。此时的康城,构建了青年教师率先一步成长的"阶梯式发展"机制。在这个时期,康城不断注入"新鲜血液",大量的青年教师不断涌入,占据了康城的半壁江山。在这样的情况下,学校给我们青年教师搭建了平台,让青年教师在公平中成长,在培养培训中快速发展,在选拔提升中成就自己。

一、良好的培养氛围,促使我成长

刚进入康城,我能够快速成长,得益于康城的培养理念,即"一徒多师,一师多徒"的带教培养机制。这个理念背后是我们可以向每个经验丰富的老教师学习,真正让自己快速成长。同时,在新教师群体里也形成相互学习、相互促进的良好学习氛围。

作为语文组的一员,我受到过语文组每位老教师的无私帮助。平时的他们就不吝惜指教,有问题可以随时向他们请教,有需要随时可以向他们听课学习。他们每个人都有自己的专长、自己的风格,我能够从他们身上学到很多。当我还是见习教师时,需要不断地磨课和上课。备课组教师会主动帮助我先磨课,之后学科组进行研讨。他们总是给予我很多建议和帮助。当然,在班主任这方面的工作上也有相同的机制,可以向经验丰富的老班主任、年级组长请教和学习,让自己顺利应对班主任工作。

除此之外,我学历的提升也要感谢唐校长的培养理念。正是因为唐校长不断地教育我们青年教师要不断学习,才促使我在见习期结束后,认识到自己的理论知识还不够扎实。因此,在规培政策下,我有机会可以报考研究生,通过全国统考,完成我的读研梦想。当我向学校提交申请材料后,唐校长非常支持,在各方面帮助我,让我顺利获得了硕士学位。唐校长给予我这样的年轻人的帮助,就是支持一切向上学习的心。

二、优秀的榜样力量,促进我的专业化

康城的培养机制不仅让青年教师受益,而且康城的优秀教师以榜样作用引领我成长。专业上对我影响最大的就是我的导师周海燕副校长。12 年弹指一挥间,周老师已经退休了,但她作为我专业路上的领路人,对我的指导是令我终身受益的。

在不同的阶段,周老师对我的引领是不同的。

在我还是一名实习教师时,周老师让我明白如何站在三尺讲台上成为一名合格的教师。我每天跟着周老师听课学习,不管是上新课、练习课还是复习课,每节课不落,她都会让我跟着,这种难得的倾囊相授不断告诉我备课的重要性。在这日复一日的学习过程中,我明白每一节课都是一场硬仗,不能打无准备之仗,即使像周老师这样的大忙人,每天也要花时间备课,利用间隙时间琢磨课,功夫花在平时。在后来的日子里,我不断地锻炼自己,让自己成为一名合格的新教师。

周老师还引领我要钻研上课,要有自己的教学思路和设计。在这段时间里,我对自己的课堂教学要求更高了,反复研读文本,查阅大量资料,备课、上课、反思。功夫不负有心人,后来我的考评课在比赛中获得了三等奖,是一次成功的收获。我的见习期就是在这样一种反复磨课、上课的过程中,让自己蜕变,逐渐成长起来。

正是有这样一位优秀的榜样导师在前,才能让我紧随其后,向她看齐,将她的言传身教记在心里,化作行动,不断研究教学,使自己的专业化之路能够越走越远。

三、公平的选拔机制,成就我自己

康城的培养氛围是良好的,众多优秀的榜样教师引领着一批批年轻人,公平的

选拔机制成就奋进向上的青年人。

我作为一名普普通通的青年教师能够不断成长,离不开自己的努力和坚持不懈的学习,也归功于康城所搭建的平台——公平的选拔机制。

例如一些区级比赛活动,学校都会通知到位,我也会抱着学习的态度去参与。在奚老师的提醒和帮助下,我总能收获一些经验和奖项。接着,在学校公平公正的选拔和推荐中,我通过自己的努力获得了区"青年新秀"的称号,让我有机会进入兰保民老师的名师基地继续学习。在名师基地中,有兰老师这样的优秀导师,还有一群优秀的学习伙伴,让我看到专业发展的新天地,继而评上了中级职称,又评上了区级骨干教师。

这样的学校氛围引领我一路向前,让我勇于填写教师岗位志愿竞选年级组长。担任年级组长一路走来也有 5 年时间了,其中不乏领导的引导和包容、其他年级组长的指导,以及各位教师的支持。

我始终坚信努力是成功的钥匙,康城搭建的平台促使我快速成长。在康城的融洽氛围和培养理念下,让我意识到教师是要不断学习,是要终身学习的。只要你想发光发热,总能在康城的舞台上找到一席之地。

我成长的脚印

范琳琳

德国教育家福禄贝尔说过："教育之道无他，唯爱与榜样而已。"自从大学毕业来到康城，我在教师岗位已有9年，担任班主任工作也有8年了。回首一路以来的成长，离不开学校和同事们的指导与帮助，也如福禄贝尔所说的那样，在康城优秀教师的内心，永远饱含着对学生和教育事业的热爱与责任，他们长年累月得出的教学经验与育人智慧也一直是我日常工作中学习的榜样与力量，促使着我一步步成长。

一、见习与考评

作为新教师，首先面临的一次"大考"莫过于见习期间的"考评课"，这决定着我究竟能不能正式踏入教育行业，成为一名合格的小学教师，其重要性不言而喻。记得那是2015年的12月17日，是我作为见习教师正式上考评课的日子，距今9年过去了，但我始终记得清清楚楚。因为那一段时光为我整个教师生涯打下了坚实的基础，指明了前进的方向。

康城作为见习教师培训的基地学校，有着规范且丰富的培训体系。那时，每位见习教师既有学科导师指导如何展开课堂教学，还有班主任导师指导如何开展班级管理工作。不仅如此，两位导师也都是学校内非常优秀、经验丰富的教师，我的学科导师是当时的语文学科组长倪樱姿老师，班主任导师是经验丰富的老班主任吴丽娟老师，两位老师对我的帮助与指导至今难以忘怀。

备战考评课的一个月里，我在学科导师倪樱姿老师的指导下前后对《瑞雪》一课足足上了八遍试教课。每一遍试教，倪老师总是亲自到场听课。听课期间，也总能看到她时不时低头记录着我课堂上各个环节中需要调整的地方，甚至连我在课堂上每一个教学活动所用的时长,她也次次做好记录。每一遍试教之后,倪老师会在办公室耐心细致地向我评析课堂上的问题,并帮助我做合适的调整,有时候甚至连一字一句倪老师都会反复斟酌,帮助我尽善尽美地完成这一次考评课。倪老师对考评课细致严谨的准备、反复斟酌的修改,深深地触动了我,让我明白了如何备好一堂课。最终,我的考评课也得到了优秀的好评,这给了我很大的鼓舞与力量,但我知道这一份荣誉更多得益于倪老师给予的帮助。接下来的教学之路,更需要我自己去认真钻研、反复实践、严谨斟酌。

二、多平台历练

在之后的专业成长之路上,在"一徒多师"和"一师多徒"的新老带教模式下,学校也为我们青年教师搭建了许多学习的平台与机会,例如每学期的教研员带教课、备课组活动、教学设计比赛、作业设计比赛、青年教师演讲活动等。每当有教学展示活动时,语文组的教师无论是老教师还是青年教师,都十分团结友爱,一起听课、评课、磨课,始终愿意尽自己所能帮助每一位上课的教师将最好的课堂展现出来,让康城的小学语文青年教师在教学水平上得到一次次的提升。几年来,一次次学习、一次次展示、一次次成长,都离不开康城这艘大航母的引领,让我前进的脚步越来越坚定!

九年时光,说长不长,说短不短,但可以确定的是,我在康城的这九年是充满机会与历练的,是走在一条踏踏实实的成长之路上的。我也希望在接下来的教育工作中,不仅是学校给予我各种锻炼机会与荣誉,我也要凭自己的努力与实力为学校增光添彩!

不忘初心，砥砺前行

陈彩虹

时光在悄悄地走着，作为一名青年教师，如今已是我任教的第九年了。很多时候将此刻的自我和过去进行比较，会觉得很不可思议：思想上的成长是不可思议的！这包括教育思想、内含思想里的工作态度、工作方法、工作热情和种种与工作相关的脑海中的记忆。这些印记全都来自教学工作的每分每秒，既有领导的关心、同事的帮忙，也有自我的艰辛努力，这也来自我与前辈、与同事、与学生最真实的交流和互动，来自每次或欣喜、或失望、或振奋、或彷徨的难忘经历，这些让我深刻体会到了做教师的艰辛和快乐。

我如此之大的成长都得益于学校的培养机制，学校的育人理念与选拔机制给了青年教师极大的发展空间。

学校对于青年教师的培养形式是非常多样的，有随堂听课、教研员带教课、班队活动课评比、教学设计比赛交流、主题培训等。其中让我感触最深的就是教研员带教课，通过一节节精彩的课堂，呈现出的不仅是每个上课教师的风采，更是背后的精心付出。教研员带教课拓宽了我的教学视野，让我对小学数学的教材有了更多的认识，对课堂教学的开展与实施也有了更多的想法。在聆听其他教师和教研员点评的过程中，我深感佩服，他们的观点都非常精辟，思考问题的角度也非常全面，每一次认真的聆听都能让我感觉到自己还有很多需要不断学习、不断进步的地方。

青年教师的成长离不开学校良好的机制。作为教师发展学校和青年教师培训基地学校，为了使我们青年教师尽快成长，学校有专门的青年教师学习班，同时拥有以"老"带"新"，以"师"带"徒"的青年教师培养模式。每一位青年教师都经历了教师规范化培训，整个培训的过程，学校采取了以下具体的培养措施：

1. 师徒结对——确立了"一对一"的师徒帮教结对子，但又不仅是"一对一"，学校更提倡"一师多徒""一徒多师"的形式,增进培养深度,提升学习维度,使青年教师的教学水平、综合素质、政治思想均稳步提升。

2. 好课引路——每周听老教师的课至少两节,通过观察与总结前辈的教学方法和课堂氛围,认识到自己的不足之处。

3. 师父督导——每周师父评徒弟的课至少一次,从教学目标的达成、教学环节的设计、学习方法的定位、辅助手段的运用、课后习题的确定等方面做认真指导,并提出改进和提高的方向,帮助青年教师更快成长。

4. 汇报评课——每位教师上一堂汇报课,展示自己在整个培训过程中的学习成果。这一环节是我在整个培训过程中印象最深刻的,从备课、试教、修改、试教……整个磨课的过程经历了很久,在导师的帮助下,每一次的试教都能碰撞出新的想法,直到最终完整地呈现出一堂课,你会发现学习到的内容比以往任何一次听课、评课都要多得多。

5. 研修培训——作为基地学校及教师发展学校,定期进行规范化培训,由校优秀教师、教发院专家等有经验的教师言传身教,帮助学员通过培训,学习新的教学方法和技巧,了解最新的教学理念和模式,不断与时俱进,提高教学效果。

6. 教学大赛——学校每学期都会组织教学大赛,形式非常多样,有说课、微型课、写教案、上课等,还有代表学校参加区级教学大赛的机会,展现学校的风采。

这些措施,极大地调动了青年教师的工作热情,提高了青年教师的专业素养和教学水平,使我们进步快,收效大,更健康地向上发展。

如今的我,已退去稚嫩的脸庞,但在教学的路上仍须不断学习、不断进步,紧紧围绕康城以"五大"为核心的"两个有所"育人目标,实践"引领人、激励人、凝聚人、培养人"的现代学校治理体系,狠抓以班级育人合力为核心的全员全方位育人和"SS课堂育人模式"的探索实践。要以理想信念为根,做学生奉献祖国的"导师";以高尚师德为魂,做学生锤炼品格的"良师";以扎实学识为基,做学生学习创新的"名师";以仁爱之心为本,做学生健康成长的"恩师"。

我在康城的点滴

顾梦婷

成为一名教师，是我一直以来的梦想，而成为一名康城教师，则是我做过的最正确的选择之一。康城没有那么多复杂的"人情世故"，教师和学生之间真诚而友好。它地处周康地区城乡接合部，无论是同事之间，师生之间还是家校之间，关系都非常淳朴。它像一方净土，教我"择善"。它更是一方"沃土"，不仅为学生，也为每一位教师提供了诸多学习、实践的机会。指路子、压担子、促成功，我在短短的几年时间，在学校校园文化的引领下及平台理念下，有幸实现了从青年教师到学校骨干的蜕变。回想起来，一切仿佛如同昨天。

2018年12月，在我入编第一年的见习期，康城就给了我一次非常宝贵的机会——我在英语教研组和周海燕副校长的推荐下，参与了区教研员王瑛老师的"初中英语小初衔接实践与研究"的课题组，并有幸代表校初中部六年级英语组开设了一节区级公开课。作为一名刚刚站上讲台的新教师，这无疑是难能可贵的学习机会。开课前，康城初中部各年级段的英语教师都挤出时间陪我一次又一次地磨课，不遗余力给我提建议、讲方法。教研员也受学校之邀数次莅临，帮助我备课、磨课……因此，开课那一天方能一气呵成、精彩纷呈。课后评课的过程中，市教研员赵尚华老师、区教研员王瑛老师，以及在场诸多有经验的教师赞誉良多。这样一次难得的机会让我这名初出茅庐的青年教师在如何提升自己的课堂，如何真正为学生上好一节课，如何准确、精准地写好学情分析等方面有了非常多的收获和启发。

这次区级公开课，是康城为新教师搭建的优秀教育教学平台，通过磨炼与展示，推动青年教师激发潜能、探索教育教学新方法。不仅如此，在这样一次难能可贵的机会中，康城学校温暖的办学氛围、老教师不遗余力的关照更是让我这个初出茅庐的新教师感受到了大家庭的包容和鼓励。此后，面对每一堂公开课、每一堂推门课，以及日常教学中的每一节英语课，我都能想到当初康城在"引我入门"时教会我的那一份真挚纯粹、潜心钻研的"教学精神"。

作为青年教师，入职初期，最容易感到缺少的是"引领"。而康城对青年教师的引领，无处不在。

康城的育人目标中便有言：我校依据生源基础，力求让每个学生在学习及其他各个方面，于原有基础上有所发展。为每个学生终身可持续发展全面夯实基础。"育人"先"育己"。

作为青年教师，我在每一次培训课程和教师会议上，都能从康城学校各位有经验的教师身上感受到康城的文化浸润和教育理想——康城实实在在看重每一名学生，看重每一名学生在校的进步，更看重他们将来"可持续发展"的能力与潜力。

在康城的引领下，我逐渐意识到：衡量教育是否成功，不是简单地看分数，而是看受教育者对所学知识的兴趣是否越来越大；是看受教育者在每一次课堂表现和课后活动中能否得到能力的培养与自信心的建立；是看受教育者能否得到他人的理解和包容，从而拥有一个善意且温暖的灵魂……康城用她的胸怀浸润、包围着每一位在她怀抱中的学生和教师，她十数年的陪伴可谓是对每一位学生和教师点滴的滋养，让每一个康城人在可持续发展的育人目标下，围绕着素质教育展开多项实践，历经探索。

此外，康城的引领也显现在对家校联系的重视上。家校联系在教育环节中起着重要作用，它有利于提高家长对家庭教育的认识，使家校教育产生合力，最终为孩子创设良好的成长环境。在五年的班主任工作经验中，我跟随康城的步伐，一步一个脚印，实实在在落实和推动家校合力。每一次的家长会、家访，以及与每一位家长的见面和电话中，我都能更进一步地走近我的学生，感受他们的点点滴滴。而康城也不遗余力地开拓创新。在当下科技的助力下，康城结合微信试验开通了学生综合素养多维评价平台。通过网络平台，教师可对学生德智体美劳各个方面进行实时评价，家长也能实时得到反馈，足以可见学校在此方面的重视与实践。

康城的氛围是温暖的，她手把手地教会我如何教学、如何育人；康城的氛围也是奋进的，她时刻督促我不断创新、突破自我。不论是学生还是教师，康城所看重的不只是成绩单上单薄的数字，而是每一位学生在学校每一天的点滴进步，每一位教师在康城沃土上的点滴成长。作为一名青年教师，我珍惜康城给我的每一次机会。不忘初心，一步一个脚印地跟随康城的步伐不断探索和实践，走出一条特色的、可持续发展的教育之路。

少先队辅导员的成长和快乐

许杲婷

转眼间,康城已陪伴了我 10 年的成长。这 10 年,我跟随前辈教师的步伐,不停探索着自己"未知"的领域,在与同伴们的携手共进中,我从稚嫩走向今日的日趋成熟。这 10 年,我做过班主任,也曾担任过年级组长,现任副大队辅导员一职。不同的岗位带给了我不同的挑战,是"康城"这个大家庭给予了我勇气和底气,让我不负众望,在忙与累的同时收获了快乐和成长。

一、成长之乐

2020 年,得到校领导的推荐,我接受了这份全新的、有挑战性的工作——分部的大队辅导员。带着一份初出茅庐的热情和勇气,我勇挑重担! 刚上任,劈头盖脸一堆"杂事",分部又属于"遥控"管理,我顿时慌了手脚。但我们学校最不缺的是什么? 是一群有爱的同事们! 对"大队辅导员"职务不熟悉? 不怕,有校领导们的时时提点和耐心教导! 对少先队活动的开展尚在摸索阶段? 没事,有班主任老师们的金点子与全力支持! 伴随着分部的规模越来越大,我也渐渐意识到,光有满腔的热情是不够的,必须要付出比常人更多的汗水和努力。在一次次的活动中,我学会了谦逊,多向"老师傅"请教;我学会了凡事多考虑一步,避免纰漏;我学会了有担当,勇于承认自己的不足……

每学期的几项重大活动,如开学典礼、少代会、六一节、入团入队仪式等,都历历在目。为紧跟总部步伐,我在每一次拿到方案后,首先就是和分管领导们进行协商,和对应的中队辅导员交流,调整成适合分部孩子们的活动。之后,就是一系列的准备工作:做 PPT、写主持稿、培训小主持、装饰会场……事无巨细,我都喜欢亲力亲为,也总是忙得焦头烂额。所幸有一群爱"凑热闹"的中队辅导员们和我那一群能干的"小帮手们"。

经过三年的磨炼,我的工作能力有了一定的提升,也逐渐适应了大队辅导员这个角色,是康城这个温暖的大家庭给予了我努力的方向与意义。

二、学习之乐

少先队辅导员是党的少年儿童思想政治工作者,是少年儿童亲密的朋友和指导者,承担着少年儿童政治启蒙和价值观塑造的重要职责。所以,想要做好少先队辅导员的工作,我需要不断学习贯彻党的二十大精神和习近平总书记关于少年儿童的少先队工作的重要论述,也需要聆听专家的理论知识讲座,进一步提升自己的理论水平和专业能力。作为一名党员,我在学校开展的一次次党员活动中不断坚定理想与信念;作为一名队辅,我积极参与区内组织的各项培训与活动,更新自己的知识与技能;作为一名数学教师,我也不忘参与校内外的教研活动来增强自己的教学能力,丰富教学经验。

"育人先育己",想要给学生一碗水,自己首先要有一桶水。而这也是康城带给我的理念,是让我率先一步成长起来的源泉。

三、成功之乐

脚踏实地,不断前行!作为一名少先队辅导员,我深深地感觉到,队员们喜欢少先队开展的各项活动,愿意在课堂之外的活动中展示自己,带领队员们开展丰富多彩、有意义的活动是大队辅导员的职责。因此,在每周一的升旗仪式上,我都会根据当前时事、重大纪念日或新闻热点等安排相关文稿,力求能在短短的20分钟内,让队员们接受一次全新的教育。同时,每学期我都会根据分部实际、学生特点,结合重大节日,精心策划、组织开展多种多样的少先队活动,而且活动中我还会想方设法提高活动质量,力求每年活动都有新的突破,形成特色与亮点。记得在2023年五年级的毕业典礼上,我采纳了五年级中队辅导员的意见,用游戏贯穿典礼过程,让队员们在回忆感恩的同时,留下了更多的欢声笑语。

三年时间,说长不长,说短不短。我一步一个脚印地走了过来,取得了一些成绩,同时也获得了宝贵的经验。我想,在今后的少先队工作中我会一如既往扎实地开展工作,利用少先队的阵地优势,为在校园中营造一种积极向上的氛围而不懈努力,书写精彩的红领巾事业!

三大机制，助力成长

吕行瀛

我们康城学校在"传承、协调、创新、发展"的办学思路下，始终以"办学办氛围，育人育方向"为指引，努力实践"打造理想康城，让师生健康成长"的办学目标，以"大德育——铸魂、大体育——育根、大语文——启智、大科创——创新、大中国——传承"为核心，致力于让每个学生在原有的基础上天天有所进步、天天有所发展，以实现为每个学生终身可持续发展全面夯基的育人目标。同时，学校又以"公平成长，培养培训，选拔提升"这三大机制让青年教师在培养培训氛围中率先成长。

刚工作时，作为一个教育方面的"小菜鸟"，在听老教师上课的时候，我总是把关注点放在怎样设计教学环节，这些教学环节又是怎样把知识点有效地教授给学生方面，而忽视了其他细节。实习时第一次被校长听课，我无比紧张，大部分时间都是摆着一张严肃脸而不自知，直到下课后校长评课时告诉我，我在上课上了20分钟左右才露出第一次笑容。这时我才意识到一个教师的教态也是非常重要的，这影响着整节课的课堂气氛和师生关系。所以，之后我在听其他教师上课时，会注意他们的教态、肢体语言，以及如何和学生互动等方面。

在第一年的见习教师规范化培训后，我稍微掌握了些门道，之后学校也提出了"三珍三自"的课堂教育模式，即惜时高效、自主合作、自信自强、关系融洽。围绕这个教育模式，我开始在英语的课堂教学中不断实践和摸索，慢慢找到了适合自己的课堂教育方法，在教育的道路上逐步成长起来。

在教学的同时，我还开始了班主任的工作。从开始的副班主任到后来的班主任，我慢慢成长起来。回想工作的第一年，我曾担任外来务工子女班级的见习班主任。班级里的学生基本没有什么学习习惯，问题学生也较多。因此，刚开始接手时，我有许多疑惑，对于这样的班级，我应该如何管理？问题学生又应该如何教育？

在刚开始上课的一周，我就发现学生有很多问题，他们各门学科的基础都很薄弱，尤其是英语，有几个学生甚至连 26 个字母都不认识，部分学生对英语也是兴趣全无。此外，部分学生的行为、学习习惯也不甚理想，作业不按时完成，没有班级集体意识。为此，我带着许多问题请教了带教班主任。带教班主任针对我提出的问题，做了详细的解答，比如如何对待学习习惯不好的学生，如何对待缺乏学习热情的学生等。之后她还和我交流了个别问题学生的家庭情况，使我对这些学生的成长环境有所了解。

和带教班主任交流过后，我又重新针对这些学生制订了教学教育计划。基础差的学生学习任务相对较简单，使他们不要有太大的压力从而产生厌学情绪。基础较好的学生学习任务适当增加些难度，使他们有所拓展。不论学习还是生活方面，我都会关注有所进步的学生，适当给予表扬，并时时刻刻用一双善于发现的眼睛，挖掘每个学生的优点，以欣赏的眼光看待他们，就会发现他们的可爱之处。而学生也因为得到了教师的鼓励变得充满信心，也就更有学习的动力了。

虽然我在担任副班主任期间还有诸多的不足，但是学校仍然给予我信任，让青年教师公平成长，让我担任正式的班主任一职。在一路的成长过程中，我的班级也很荣幸被评为优秀集体、一星章和二星章集体等。这是对我班主任工作的肯定和对我极大的鼓励。

在教育教学工作中，我非常感谢我的带教班主任和学科带教老师，有了他们的鼓励和帮助，我才能更有信心走好我的教育教学之路。我也感谢学校的"三大机制"，助力我们青年教师的成长。这也是我们康城学校 16 年来坚持营造的一个氛围，"凝心聚力，共赢共进"，同事之间互帮互助，同舟共济推动学校发展，成就学生，成就同事，成就每一个自己！

教学创新，研究提升

——我在"教、研、修"中的进步与实践

史梦娜

叶圣陶先生说："教而不研则浅，研而不教则空。"教学要将理论和实践相结合，不断改进，不断完善。在康城学校的培养培训机制中，我亲身经历了由教到研、由研促教的成长旅程。这段经历不仅让我深刻体会到教学的魅力，更让我明白了教研相长的道理。

一、反思：成长的阶梯

在学校"SS课堂育人模式"的引领下，我积极参与学校组织的各种教研、培训活动，这些活动如同一盏盏明灯，照亮了我前行的道路，也让我从最初的迷茫与无助中逐渐找到了自己的方向。在见习期间，学校聘请多位专家为我们开设各类专题讲座，这些讲座内容紧密贴合见习教师的实际需求，极大地拓宽了我的教学视野。此外，更有一对一的导师帮助我规划职业蓝图，给予我专业上的指导和帮助。平时的学科教研中，不论是校内教研还是区级教研，学校都提供了丰富的交流和学习机会，让我收获了很多教学资源。每一次的学科教研都会令我惊叹不已，老师们的奇思妙想层出不穷，这也激励我应将平时生活中闪现的想法及时记录，成为自己丰富的教学资源。通过一系列的教研活动，我意识到，在教学中要注意从学生的实际出发，以人为本，回归生活，注重发展，引导学生学会成长，努力打造"三珍三自"课堂。

二、实践：知识的桥梁

在一次次的教研活动中，我看到了自己在教学上的不足，萌生了很多关于课堂

改进的想法，及时实践和验证自己想法的可行性就变得尤为重要了。心理课堂和传统课堂不一样的是，心理课更多的是以活动为载体，让学生在活动体验中有所启发、有所感悟，从而使得他们主动做出改变。比如在"情绪知多少"这一节课中，我采用了角色扮演、小组讨论等方式开展此节课，但事后的教学反思中我发现，学生只是沉浸于活动本身，并没有体会到活动背后的意义。于是我开始思考，如何才能让学生真正投入到活动中去？解决这一问题的方法，恰恰源自我在教研活动中所学到的知识和技巧。最后，我采用两种策略：现场生成情景和雕塑定格。情景来自学生自身，更容易引起他们的共鸣，能充分调动学生的主动性，还激发了他们进一步学习相关知识和解决实际问题的热情。雕塑定格则让学生在短暂的静止中，深刻体会自己当下的心理状态。

三、创新：个性的绽放

教学不是反复的借用和生搬硬套，而是应该循着他人的光亮，找到属于自己的个性化之路，实现新的突破。在一次次的学习和借鉴他人的教学后，我掌握了很多有效的资源，学到了多种多样的教学方法。比如现在在教学中，我会注重多感官通道，会从视觉、听觉、触觉等，尽可能多地调动学生的感觉通道，让学生更投入、更沉浸；或者将艺术疗愈的理念融入心理课程中，通过美术、音乐等艺术学科的内容，为学生提供一种全新的心理体验和表达方式。尽管这些创新还远远不够，但我深信，在学校为青年教师精心构建的培养机制下，未来我能够汲取更丰富的养分，让我有能力设计出更多富有创新精神的课程。

学校特有的培训培养机制为我提供了系统的学习和成长平台，通过这一机制，我不仅获得了丰富的教学知识和技能，还得到了实践经验的积累。未来我将继续在学校"天天进步，天天发展"的校风熏陶下，静心学习、不断摸索，采撷他山之石，吸纳百家之长，丰富自己的教育理念和教学内涵，为学生的成长贡献更多的力量。

我在康城的成长之路

王家唯

冬去春来，时光荏苒，转眼我已是"老教师"。看着青春朝气的青年教师的演讲大比拼，看着"徒弟"努力学习并获得优秀见习教师，看着同辈们一个个成为高级教师，我感慨万分，不禁回想起自己踏入教师工作岗位后的点点滴滴。

教师一直是我向往的职业，也是让我敬畏的职业。当我第一次踏入康城，便被这所有着大气、漂亮外观的学校所吸引，这是我曾经的母校（横沔中心小学）合并后的新学校，其中有许多我曾经的恩师，在情怀的加持下我下定决心要成为这所学校的一员。

一、带教机制，促我专业成长

2013年见习期，在学校的"一师多徒、一徒多师"的带教机制下，我有了自己的导师，也有了专业的帮教团队，其中包括教研组长和备课组长。我经常"被迫"进行"一课多教"和教研员带教，让自己在专业上快速成长，最终的考评课获得了优秀的成绩，同时也在见习期收获了众多荣誉。在初入职场时，我被众多前辈照顾、指导，真的是受宠若惊，心中也是感恩万分，同时也为这所由特级校长引领，有着互帮互助传统和完善带教制度的学校所折服，让我坚定信念要在教育事业上有一番作为。

工作初期，我的工作核心一直是不断地提升自身的专业教学水平，成就感大多都来自学生成绩的提升，以及和学生融洽的关系，也有来自参加各类教育教学技能比赛所获得的肯定。那时候真的很纯粹，觉得就这样把自身所学都尽全力展现在三尺讲台之上就是我的幸福。我就是让学生"天天进步，天天发展"的服务者，因为这就是康城的文化DNA——成就他人。身边也都是这样的教师，我们会笑着比成绩，会把自己准备的练习分给备课组成员，因为我们是一个整体，只有合力，才能更进一步,无论谁是第一。

二、多轮岗历练,让我懂得责任与奉献

或许是踏实肯干,具有一定的责任心,在 2017 年,我被推荐成为学校的第三批后备干部,挂职于分校教务处,以分校分管林老师为师。虽挂职于教务处,但因分校德育处曹老师在外挂职,所以,几乎体验到了教务处和德育处的大部分工作内容,小到分发各种资料,大到协助落实、策划各项活动,安排各项重要事务。

让我记忆犹新的是组织一年级游园会、安排观剧、考务等,这是在我的成长之路中至关重要的一年,让我从稚嫩逐渐走向成熟,也让我的思维从片面逐渐走向全面,从"老林"身上真的学到了很多,也学到了他的坚持与奉献。记得有一个学期,因为有一名女教师怀孕请假,我和他主动要求多承担一个班的教学任务,他坚持着,我也坚持着。很庆幸自己能够成为后备干部,更庆幸能够有这段挂职于教务处的经历。

或许是在后备干部考核中比较优秀,我于 2018 年成为学校大队部负责人,挂职于德育处,以前大队辅导员曹老师为师。大队辅导员是一个政治性和专业性很强的岗位,幸得曹老师的鼎力相助,他不厌其烦地为我答疑解惑,才渐渐让我厘清脉络,不断地朝着规范和有效的方向去开展与组织活动。在此期间,我经历了市、区级少代会,市级大队辅导员集中培训,区团队督导等重要的培训和高级别工作,让自身的统筹安排和组织活动能力得到了加强。在校内开展大队部工作的同时,我也会积极协助德育处的各项工作,更多地接触到了学校行政部门的工作内容。

2021 年,因为学校需要,我被调整岗位到了德育处,很庆幸有之前两个岗位的经历,让我充分体会到了具有前瞻性的"后备多岗位轮动制"的效果。此前的工作经历和经验,是我现如今工作的重要基础。

与此同时,我也渐渐成为学校的中坚力量,而我的成长之路还远未结束,有岗位上的"大思政"教育、五育融合工作、全员导师制工作等全新挑战;也有技术上最新的 ChatGPT 和 Sora,真的是学无止境,且必须得学。

转眼 11 年过去了,是教师这份职业让我成长,是康城搭建的平台和选拔机制让我成长,而我和康城的成长之路还远未结束。待续。

斜杠教师的成长之路
——从青年教师到助力青年教师

赵　琴

十年漫漫却也匆匆,进入康城十载有余,我从青涩走向成熟,见证了康城的蓬勃发展,也感受到了自身的成长。在此过程中,康城不仅为我提供了成长的土壤,更见证了我在教育道路上的探索与收获。

一、初出茅庐,历练成长

2012 年,我大学毕业便来到康城,彼时的康城是一所成立仅 4 年的新生代学校,但有特级校长的引领,在农村学校中显得格外亮眼。康城采取"圈养＋散养"相结合的浸润式培养模式,既以青年教师培训班为依托,结合"一师多徒""一徒多师"等形式,开展各类活动、讲座、培训、比赛等,又给到长期的任务、发挥自主能动性的平台,促进了我们自生长力的形成。

在刚入职的几年里,学校举办的各类演讲、说课、教学比赛等,我均名列前茅。之后,学校推荐我参加各类市、区级比赛,也略有收获,如获得全国微课大赛三等奖、"一师一优课、一课一名师"区级优课、区中青年教师大奖赛地理学科二等奖、黄浦杯"我的教改试验"征文评选区级二等奖等。除此之外,学校还鼓励我们多带领学生参加比赛,我所带的学生多次在市、区级的空模、3D 模型、创意设计比赛、航天创新大赛中获奖。由于学校缺编,作为地理编制教师的我被委以重任,兼任教数学,压力与动力并存,所幸不辱使命,数学一教就是八年,直至不缺编,使命达成,也算为解学校燃眉之急出了一份力,同时也锻炼了自身能力,赶在了时代教育潮流之前,早早踏上跨学科教学之路。

学校创设环境、提供平台、给予机会,为青年教师的成长之路设置"荆棘",增添

"养料",严格又有韧性的培养机制和氛围,在初出茅庐阶段锻炼了我们"披荆斩棘"的能力,为青年教师的多元化发展起到了关键作用。

二、肩负重任,砥砺前行

学校在"圈养＋散养"模式的基础上,构建了青年教师率先一步成长成熟的"阶梯式发展"三个机制,而我也得益于此发展机制,有幸被列为学校青年后备,开始在各个层面担任一些小职务,学科方面担任过地理备课组长、探究教研组长;党组织方面担任初中部党小组长,被民主选举为工会委员;德育方面担任年级组长。作为青年后备,我挂职过校务办、工会、党支部、副校长室、德育处、综合处等部门,每一个岗位都是对我的一种历练,也能让我更深入了解学校的组织架构和各部门的运作模式,而像我这样被委以重任的青年教师还有很多,在老教师的指导和关怀下,我们不断成长,为康城的发展贡献自己的力量。

学校用直接委任职务的方式,在真实的岗位上锻炼青年教师,我们的成长离不开老教师的指导与关怀,离不开学校领导的顶层设计。当一批又一批青年教师担任小职务,我们的康城也在迭代更新,原本处于年龄断层的教师队伍,此时已经能无缝衔接,避免了"老的退休、小的不成气候"的尴尬局面,这一切归功于康城未雨绸缪的青年教师培养机制。

三、中坚力量,传承使命

在众多岗位中,担任年级组长一职使我接触到许多初出茅庐的教师,我们年级六位班主任中的四位都是新进教师,看到他们,仿佛看到了当时的我,年轻有干劲,但缺乏经验,而我也充当起了当时帮助我成长的"老教师"的角色,助力青年教师的成长。由于是新进教师,难免会出现被家长不重视或处理棘手问题慌了神的情况,这时,我便会利用经验帮助他们妥善解决家校沟通问题。在帮助他们成长的过程中,我重拾初心,继续传承教育使命。

在康城的 10 多年,我见证了学校的变迁,也感受到了自身成长的脉动。我可能是学校里接触各个岗位最多的青年教师,经常会与各部门对接工作事宜,同事笑称我为"斜杠教师"。从青年教师到助力其他青年教师的成长,担当的角色在切换,不变的是认真做好每件事的那份初心,是我对教育事业的热爱和执着。从 0 到 1,再从 1 到 $+\infty$,康城赋予了我信心和勇气,让我在教育道路上砥砺前行。

我的背后有高人

陈　辰

　　2013年8月，在经历了2年的代课生涯后，我有幸正式成为浦东教育的一个萌新，正式加入了康城这个大家庭。一路走来，10余年的光景，没想到，曾经懵懂无知、上课紧张到发抖的我，也成了一名区级骨干教师。这一路走来，我的背后有高人。

一、夯实基础的见习期

　　怀揣一颗教育初心，2013年8月，我成为浦东教育见习教师中的一员。那时，浦东教育的见习教师既是"徒弟"，需要完成"规范化培训"任务，也是"老师"，是学校的一名正式授课教师。同时，我还是一名副班主任。学期伊始的忙碌打得我措手不及，但我不想做教育的逃兵。

　　9月1日，学校正常开学。新学期的第一次升旗仪式后，孩子们几乎个个红光满面。这时，我的带教师父倪樱姿老师突然低声对我说："你准备好了吗？这一年会很忙碌。"我悄悄地向她坦白我的焦虑。我职业生涯中的第一份幸运就是遇到这位带教师父倪樱姿老师。是她雪中送炭，将各项常规工作提前告诉我，让我做好相应准备。遇到临时工作，她会手把手教我，让我有"兵来将挡，水来土掩"的笃定。有师父在，我的心绪日渐平缓。

　　庆幸有这项见习教师规范化培训，让我每天有问题都能随时找到师父。分区域的大规模培训，让我系统性了解了教育工作的各项业务，再加上师父"手把手"的指导，我瞬间感觉自己老练了不少。就这样，我这个刚入职场的萌新逐步摆脱了"忙""盲""茫"的状态，不再焦虑，平稳渡过见习期。

二、有所收获的成长期

渡过见习期后,迎来了 2014 年 9 月,我开始任教小学语文、担任班主任,迎来职业生涯的"高光时刻"。

论文发表、论文得奖、新苗杯得奖,上好校级、署级、区级公开课……这都是因为我"背后有人",有高人,有不止一位高人。

2015 年,我参加的第一次比赛课"新苗杯",是师父倪樱姿老师一字一句教我的,随后的磨课中,师父不厌其烦一次又一次陪我改进完善。

2016 年,我参加的第一次署级展示课,是师父一遍一遍指导出来的。

2018 年,我参加的第一次区级公开课,得到了当时的语文教研员张展红老师的指导,学校的语文组教师陪我一次一次删改教案。

2020 年,我参加浦东新区小学语文学科工作坊,是学校师训处的奚爱玲老师在一直鼓励并督促我。

在工作坊的 3 年,我结识了更多志同道合的小伙伴,在马宇萍导师的带领下,观摩了无数名师课,在坊内不断进行思维碰撞,接触学习第一线的语文教学知识。

在成长的道路上,我一直不是一个人! 我的背后有高人! 从参与见习培训到后来的名师工作坊,从一名见习教师到一名骨干教师,这一路走来,因为有浦东语文前辈们的一路引领,有康城的各种发展平台,有校领导和师父的谆谆教诲,我才能高歌猛进! 这 10 年,康城构建的支持教师专业发展的培养、培训体系,培育出了支撑学校高质量发展的教育小能手,涌现出了许多高潜质、会发展的苗子。学校不遗余力地为每个阶段的教师提供发展平台、展示舞台。

2020 年,我被评为浦东新区骨干教师,荣幸至极! 曾经胆怯的萌新不再青涩。

2021 年,我进入浦东新区小学语文深研团队学习。我看到行政事务繁多的前辈仍旧在挑战自我、超越自我。

在骨干教师小组和深研团队的学习中,我感受着"浦教人"如何身体力行做到"向下扎根蓄力,在丰富的积累中引发深刻的理解;向上拔节生长,找到内生发展的方向,破发创造;向外共生繁荣,以'群体发展'促'个体卓越'"。

在平时的工作中,我一次又一次被康城教师为人之可爱、为学之精进感动! 在这样的团队中,我又怎能不再加一把劲?

10 年,我的青春,有幸遇上康城高速发展的 10 年,有幸得到那么多高人的指导。

10 年,我读懂了自己身上的这份热爱:一件事、一群人、一辈子,"以必成之心,唤醒更多灵魂"。

走康城路 圆康城梦

谈 佳

我进入康城约莫有 10 个年头了,时光虽从不停下脚步,但是初来时打下的那份康城烙印却是越来越清晰,我始终秉持的是对教育的敬畏之心,是勇于创新、不断攀登的勇敢的心。

一、依托基地引路——众人拾柴火焰高

依稀记得是 2014 年,在康城基地见习期间,我充分感受到了基地机制带来的学习机会。在基地之中,我并非只有一对一的导师,我有课堂教学的学科教师,亦有经验丰富的班主任导师,同时,同学科的见习教师们又组成了微学科团队,我们亦可以从团队之中汲取各导师之长。我们还在实践学习中暴露自己所短,通过长短比较,众人领路,让短板变长,长板更长。

比如在每月的团队教学"案例研讨"中,我能听到导师们的"看家案例",从不同角度看到导师们处理"案例"的妙招。在互动交流中,我能站在巨人的肩膀上看问题,在教学"案例"的研磨中,我们"比学赶帮超",一起发现问题,一起解决问题,提升教学智慧。

比如在观评课中,我们发现对小学五年级的学生而言,他们在学习新知中容易出现复现率比较高的学习内容,当他们在上内容相似度较高的课时会提不起兴趣,询问原因,不少孩子说自己已经会的内容,再反复练习,听着听着就觉得很没意思了。

通过团队的深入挖掘、研讨,我们一起找到了问题的原因。主要是:第一,活动既要有乐趣,也要有收获。五年级的学生相较于低年级学生喜欢唱英语歌曲这样的活动而言,会更加喜欢贴近生活表达的活动,以及学习知识时有思考的活动。第二,

活动形式越自由,交流越深入。学生表示诸如游戏类竞赛活动,这种没有束缚感的、平等的、自由的交流、合作形式会让他们更愿意参加、更敢于表达。

二、依托基地成长——学习创新自主成长

基地之中虽有团队带教、同伴互助,但一个人的成长最重要的还是在于自主学习能力的提升。因而基地在"圈养"中不仅给我们以鱼,更给予以渔,让我们尝试独立完成课堂教学的设计,遇到困难及时与导师沟通,倡导有自己的原创精神。

因此,我基于团队研讨之悟,设计了 5A M3U2 *Buying new clothes* 第一课时的课堂教学,并通过尝试运用课题的形式将所发现之问题、所尝试之方法形成较科学的、较有实证的案例。2019 年,我申报了区规划课题《运用小学英语任务单提升学生(高年段)学习能力的实践研究》,在此过程中,将团队、基地所学结合区教科研骨干培训班所学的科研要素充分实践在该课题中,从独立完成申请书的撰写,到经专家研讨后开题报告的撰写,再到最终结题报告的撰写,在该课题的逐渐成熟之中,能见证自身的成长,亦是对康城在"圈养"后"散养"的有效检验。

三、依托基地发展——有所收获继续前行

也算是不负时光,有所收获。我所主持的课题《运用小学英语任务单提升学生(高阶段)学习能力的实践研究》成功结题,并获区第十届教研成果三等奖;作为学校龙头课题《核心素养背景下 SS 课堂育人实践研究》的子课题负责人,也成功助力课题主持人完成结题并获良好;近两年我参加的"黄浦杯"征文、"浦东杯""情报综述"分获市三等奖、区二等奖、三等奖。

与此同时,学校也看到了我的成长。2023 年,我成为学校的校务办干事,主要负责基地和教科研等相关工作。在此要特别感谢校务办的倪老师和奚老师,她们贯彻我校一直以来的带教风格,是严师,更是一心为徒的好师父,她们毫无保留地教导我这个行政岗位的新手,让我能较快上手校务办的大小事务;同时,更要感谢唐校长的引领,让我们充分体会到方向对学校发展的重要性,让我们这些青年干事在扬帆中无惧前行!

"引领、凝聚、激励、培养"
之下的成长之路

吴双双

掐指算来,我进入康城学校已有 10 年,这 10 年,是我从青涩的青年教师慢慢蜕变成长的 10 年,从一名新进的教师,到接任班主任至今,从工会干事、年级组长,到现在成为英语学科组长,我很庆幸自己是康城的一员,是康城这片公平公正的热土给予了我源源不断的工作热情和无限机遇,在学校"引领人、凝聚人、激励人、培养人"的治理体系下,我坚信只要自己愿意努力,机会永远都在。

一、引领人

自从踏上教师这份工作岗位,班主任就一直是我的标签。做了多年的班主任,已对一些常规工作驾轻就熟,但康城"课堂班主任"的理念打开了我对班主任传统工作的禁锢思想。以前觉得学科教师和班主任工作没什么关系,作为一名英语教师,进课堂上好英语课就可以了,学生的品行问题交给班主任处理就好,但康城的理念并非如此,"进课堂即班主任",让每一位教师在自己的学科课堂上都要把自己当成班主任,本着同样的爱心、耐心和责任心,对孩子们适时进行德育,这点和课堂上渗透德育的思想也是殊途同归的。于是,我在自己担任班主任和非班主任的班级上课,比以前更加重视立德树人,事实证明"课堂班主任"不仅有助于推进班级班风建设,也有利于推进学科教学,可谓一举两得,康城成了我在班主任工作上新一轮的"引领人"。

二、凝聚人

作为工会干事的那几年,我体会到了康城大家庭的团结和温暖。在工会组织的活动中,我也有幸成为校工会的一员,并代表学校参加过几次区工会比赛活动。印象最深刻的还属合唱和跳长绳比赛那两次,虽然我们都不是专业选手,但每位参赛教师都是抱着认真尽力的态度去完成这些光荣的任务。尤其是跳长绳那次,我们突破了训练的极限,超常发挥,获得了其他队伍的高度赞赏,我们不仅感到无上的荣光,更感受到了康城强大的凝聚力。工会的人文关怀也让我感受颇深。记得那次傍晚去探访一位退休老教师,虽然已经退休多年,但是学校领导还是和老人有着深厚的感情,康城就像一条血脉把他们紧紧联系在一起,这样不是亲人胜似亲人的情感让人备感温暖。我体会到正因为拥有这些凝聚人的力量,康城才能一次次地创造佳绩,所有同人才能亲似一家。

三、激励人

初任年级组长一职时,我感到责任重大、压力更大。深知自己的独干型性格,让我一个人做事,我可以拼尽全力做到最好,但我还没有魄力和勇气可以带领一个队伍,独善其身易,兼济天下难;同时也觉得自己资历尚浅,何德何能去带领一个年级组的教师队伍呢?但就是在这样的忧虑和自卑之下,我感受到了来自领导和同事对我的鼓励与认可,他们信任我的能力,把这份工作交到我的手上,这对我来说是份激励,是次机会。激励是压力也是动力,机会是挑战也是机遇,自从担任年级组长之后,我不再是一个独立的个体。年级组长平时的工作看似简单,但背后还是要有自己如炬的眼光,对于组内教师要有自己的认知,除了观察他们的日常工作表现,还要了解他们的性情,这样才能便于工作的开展。任何工作努力、有潜力的人在康城都会得到最好的发展空间,这是对所有付出最好的回报。

四、培养人

如今的我担任了学科组长一职,这比年级组长的压力更大,它需要更强的职业素养和专业能力,我深知,自己离专业还有很大的距离,身边比我优秀的同事还有很多,但是既然领导愿意信任我,把这个重要的岗位交给我,我一定会付出比以前更多的努力去尽力完成。接任的第一年,我对于很多事务都还很陌生,还好有好同事帮忙,一切按部就班。当下正值"双新"实施,很多课程方面的改进都在陆续推进中,不仅要自己多学习、多创新,更要有全局性的思考,带领学科组的教师们一同进步。

教师的职业生涯也像游戏升级一样,每个阶段都有新的 level,也会出现 bug,新鲜事物带给人的永远是刺激和挑战,但如果没有学校"引领人、凝聚人、激励人、培养人"的治理体系的支撑,一切也只是空谈,我愿意在康城这片热土上继续努力奋斗,继续在教师这条职业道路上进阶成长!

心有目标　行有方向

朱亿瑾

2014 年,我正式进入了康城这个有爱的大家庭。这个家庭里,有令人尊敬、乐于分享的老教师,有志同道合、一起成长的青年教师。在康城的这几年中,在领导的带领下,在老教师的帮助下,在青年教师的陪伴下,康城一天天变得更好。而我,也在一点点慢慢成长。

一、明确目标

"打造理想康城,让师生健康成长",这是康城的办学目标;致力于让每个学生在原有的基础上天天有所进步、天天有所发展,以实现为每个学生终身可持续发展全面夯基的育人目标;博采众长、勇于创新、厚积薄发、务实超越,这是康城的办学理念。

刚听到这个育人目标时,我有种醍醐灌顶之感。从宏观来说,整个世界需要可持续发展,而作为世界里的一分子,每个人也需要可持续发展。而这个可持续发展,需要我们天天有所进步,天天有所发展。如果每个人都能做到"两个有所",那国家、社会、世界应该都会越来越好吧。

所以,在平时的教育中,我觉得不能只关注学生的成绩,而应该按学校制定的"课程是育人载体,课堂是育人落脚点"的育人理念,把课内课外、校内校外一切育人的教学和活动整合成"大课堂育人观"。紧紧围绕育人目标,不断探索和实践学校"SS 课堂育人模式"下的"大课堂"教学育人方式改革,确保为培养"合格＋可靠、全面＋个性化、一代更比一代强"的建设者和接班人打上"康城烙印"。

二、行有方向

不知不觉中自己成为一名教师也 10 年有余了,回想起这么多年的教育历程,真是有悲有喜、有笑有泪。这 10 年中,曾被学生气哭过,但更多的时候,从学生身上感受到了温暖、感动……其中的滋味,相信只有做教师的人才能体会。遇到一些"问题学生"有时也想过放弃,任由其发展,但是等站到讲台上时,看着那一双双单纯的眼睛,心里又忍不住对自己说:"再管管吧,也许这一次就有所变化呢?"就在这种纠结的心态下一直坚持着自己的教育理想。好的学生每个老师都喜欢,而恰恰是一些"问题"学生才最考验一个老师的职业精神和职业操守。

我所带的三年级有个小男孩就属于这种"问题学生"吧。他开学一个星期还能正常完成各科作业,但是一周后作业经常少做,甚至不做。对任何事情都不在意,上课经常神游,甚至由坐着变成趴着。笔记从来不记,提醒之后也经常无动于衷。作业也很少做,或者在本子上乱涂乱画,字迹十分潦草,让人看不懂。经过跟他妈妈的交谈,知道由于父母工作繁忙,从小他就是由爷爷奶奶带大的。老人带孩子,只求不出事,所以从小就养成了习惯,事事顺着他。如果有什么事情不顺着,他就会哭闹,老人最后只能妥协。而老人也不太注意培养孩子的一些学习习惯、生活习惯,久而久之,孩子就比较懒惰,不愿意吃苦,也不爱跟人沟通。

通过与家长的沟通,我认识到如果这时候家长和老师再不闻不问,或只是一味地批评责骂他,不仅不会消除这种不健康的心理,反而会增强这种心理。我认识到造成他的这些不好行为的主要原因在于家庭,因此,我加强与其家庭联系,让其父母认识到家庭教育的重要性和责任感,告诉他们即使工作再忙,也应该承担起教育孩子的重任;让孩子感受到父母虽然工作很忙,但是依然是十分关心自己的。与此同时,在我的课堂上我也始终关注着他的一举一动,让他感受到来自班集体的关爱。由于家庭与学校共同努力,使孩子的心理发生了微妙的变化,愿意跟同学们交往,渐渐地性格也开朗了许多。虽然他的作业还是经常错误很多,但是起码他愿意做出改变。

我不知道这个孩子以后的路会怎么样,但是我希望通过一切的努力去帮助他消除不健康的心理,改掉不好的习惯。我想,这就是我们康城的目标和希望,也是康城对我们每个康城人的目标和希望吧。

教师之路的传承与花开

苏 舒

我在康城学校度过了 10 年的光阴,从一名学生成长为一名教师。带着对教育的热忱和执着,回到了这个充满回忆的地方。在这里,我不仅重温了学生时代的点点滴滴,还重新审视了教师这一职业传承的意义。

一、时光流转,初心依旧

10 年的光阴,如同白驹过隙,转瞬即逝。我站在康城学校的大门前,心中涌动着难以言喻的情感。10 年前,我怀揣着梦想和对未来的憧憬,从这里毕业;10 年后,我带着满腔的热忱和对教育事业的执着,再次回到了这个充满回忆的地方。

走进校园,一切都显得那么熟悉而又新鲜。操场上,孩子们的欢声笑语依旧清脆悦耳;教室里,琅琅的读书声依旧回荡在耳边。我仿佛看到了自己当年的身影,那个对知识充满渴望,对未来充满希望的少女。

然而,当我再次见到那些曾经给予我知识和智慧的老师时,我惊讶地发现,他们已经从我的老师变成了我的同事。岁月在他们的脸上留下了痕迹,但他们的眼神依旧明亮,充满了对教育的热爱和执着。

他们没有因为我的身份变化而改变对我的教导方式,反而更加无私地分享他们的经验。在他们的引导下,我学会了如何更好地与学生沟通,如何激发他们的学习兴趣,如何培养他们的创新思维。每一次的交流,都是一次心灵的碰撞,每一次的讨论,都是一次智慧的升华。

二、教育的使命与责任

我的两位带教老师,她们年轻又充满能量。石秀云老师,一位班主任兼优秀的教育工作者。在半年的时间里,她给予我珍贵的机会,让我深入了解她的教育理念和经验。石老师的言传身教深深影响着我,让我认识到教育的使命和责任。她的关怀和指导让我逐渐明白,教育不仅是传授知识,更是关乎心灵的交流和引导。通过与她的交流,我学到了如何成为一名更富有耐心、责任感的教育者。石老师用她的亲身经历展示了如何用爱心和责任感将学生培养成为有知识、有文化、有品德的人才。

在专业指导老师顾颖的启发下,我在美术教学的旅途中迈出了坚实的步伐。她的悉心指导让我理解了美术教育的核心,注重培养学生的创造力和审美观。我的教学活动如同在康城花园里编织一幅美丽画卷,通过实践性教学活动,让学生在艺术的氛围中感受美的力量。顾老师在我个人成长上的影响不仅体现在教学理念上,还深刻地改变了我的思考方式。她教会我如何注重学生个体的发展,关注每一个学生的特长和潜能。在她的引导下,我逐渐意识到,教育不是单纯地灌输知识,更是引导学生找到自己的兴趣与优势,走向全面发展之路。

三、爱与教育的传递

经过一年,我在康城校园文化的浸润下逐渐融入这个大家庭,在学校的团队中找到了温暖的归属感,每一位同事都是如春风拂面的陪伴。共同的目标和理念让我们如一支紧密的队伍,共同肩负起培养学生成才的责任。与其他学科的教师一同合作,我深刻地感受到,教育工作不仅是个体的努力,更是集体的智慧和协同的力量。

我深深地感受到,这份爱,这份对教育的热爱,从未改变。它如同一股暖流,温暖着每一个孩子的心田,也激励着我不断前行。我明白作为一名教师,我们不仅要传授知识,更要传递爱,让这份爱在校园里生生不息,代代相传。

如今,我作为一名教师,站在讲台上,面对着一双双渴望知识的眼睛。我将我所学到的,我所体会到的,毫无保留地传授给我的学生。我希望他们能够感受到这份爱,感受到教育的力量,让他们在知识的海洋中遨游,在未来的道路上勇敢前行。

康城学校,这个大家庭,见证了我的成长,也见证了我的梦想起航。我将在这里,继续我的教育事业,将这份爱、这份传承,传递给更多的孩子,让他们在康城这片沃土上,茁壮成长,绽放光彩。

岁月流转,不变的是那份对教育的热爱和执着。在康城学校,我找到了自己的使命,也找到了自己的价值。我将不忘初心,砥砺前行,用我的知识和爱心,点亮孩子们的未来。

圆"梦"

许 枫

2012年底,"梦"字当选为这一年的年度汉字。简单的一个方块字,承载的是13亿中国人对美好生活的憧憬,蕴涵的是中国一步步实现梦想的信心与能力。党的十八大重申"两个一百年"奋斗目标,为亿万中国人清晰勾勒"中国梦"的美好明天。十八大,决定了我们下一步幸福的到来,给了我们每个中国人一个"中国梦"。

一、我的梦

2013年,我的梦也有幸得以实现——我成为了我的母校上海市康城学校(原横沔中学)的一名教师,在母校"博采众长、勇于创新、厚积薄发、务实超越"的办学理念的熏陶下,构建"凝心聚力,共赢共进"的同伴成长关系。在推进学校发展的同时,成就学生,成就自己。在康城"五大"(大德育、大体育、大语文、大科创、大中国)育人理念的浸润下,让每位学生全面和个性化发展。在实际的教学过程中,始终秉持着心系学生的奉献精神。

还记得去年的教师节,几个小身影早早地等在我办公室门口,手里拿着他们亲手设计的感恩贺卡,我惊喜地发现这些学生中竟然有小雨! 小雨是一个来自离异家庭的孩子,因为从小缺少关爱导致他性格孤僻、任性,不懂感恩。有一次我拉开正在和同学打架的小雨,他一气之下用脚踢我。那一刻,疼痛不仅在身上,更在心里。也就从那一刻起,我开始了"关注特殊家庭孩子心理健康问题"的探索。几年来,我一次次用心与心的沟通,爱与爱的传递,使得更多像小雨一样的学生在心里播下了爱的种子,他们不仅学会了接受爱,更学会了关心别人。"老师,教师节快乐!""老师,感谢有您!"灿烂的笑容洋溢在孩子们的脸上,幸福的滋味流淌在我的心里……

二、康城梦

康城为每个教师搭建梦想实现的平台。努力实现"康城梦"及教师的"五个小梦"是唐校长一直的追求。希望教师在成就学校的同时,成就自己。学校的"五大"育人观更是引领着我全身心地投入工作,让我懂得我的责任就是"一切为了学生,为了学生的一切"。作为教师,既教书又育人,育人的关键是"以身作则"。责任心与使命感是更是工作成败的关键,也是良好师德的具体体现。在多年的工作实践中,我一直把高度的责任心和使命感作为自己教育实践的准则。在为人师的这些年里,本人一直严于律己,时刻用教师的职业道德规范来约束、鞭策自己,谨记自己作为教师的身份,努力做到以身作则,为人师表。我工作积极、主动,敢挑重担,任劳任怨,从不斤斤计较;能与同事和睦相处,做到在教育实践中取长补短,共同进步;热爱和关心学生,努力使自己能做到既教书又育人,促进孩子的全面健康成长,努力是有收获的,这几年来我也陆续被评为校级"未来之星""课堂之星""德育之星"和康桥镇"优秀教师"。

三、学生梦

学生梦,需要教师来成全。教师的业务能力也是非常重要的。俗话说:"活到老,学到老。"在学校氛围的熏陶下,我一直在各方面严格要求自己,努力地提高自己,以便使自己更快地适应社会发展的需要。通过阅读大量的道德修养书籍,勇于解剖自己,分析自己,正视自己,提高自身素质。通过学习新的教育教学理论,掌握其中的精髓,对自己的教育教学进行不断地改革与创新。努力增强我的上课技能,提高教学质量,使讲解清晰化、条理化、准确化、情感化、生动化,做到线索清晰、层次分明、言简意赅、深入浅出。在课堂上,我特别注意调动学生的积极性,加强师生交流,充分体现学生的主作用,让学生学得容易,学得轻松,学得愉快;注意精讲精练,在课堂上教师讲得尽量少,学生动口动手动脑尽量多;同时在每一堂课上都充分考虑每一个层次学生的学习需求和学习能力,让各个层次的学生都得到提高。

没有豪言壮语,没有惊世壮举,有的只是平凡中孕育着的伟大,有的只是琐碎中蕴含着的执着。我会不忘初心,砥砺前行,感恩圆梦。

我在康城育人理念下的实践与成长

张 羽

时光匆匆飞逝,在康城教书育人的日子却仿佛历历在目。2013 年冬天休业式后,唐校长在大会上对我们说:所有康城人的存在对家庭和学校都富有意义,都能分享学校发展的成果;所有的康城人,都可以用奋斗、勤劳与坚韧追求自身的价值,拥有实现梦想的机会。那时候,我就想,虽然我很平凡,但我愿尽我所能,关心每一个孩子,不放弃任何一个学生,让每一个孩子都能在他原有的基础上,天天进步,天天发展。

一、康城育人理念

学校近年来,依据校训"珍重、珍爱、珍惜,自主、自信、自强"而探索一种具有康城特色的育人模式——"SS 课堂育人模式"。它分为"SS 课堂教学模式"和"SS 课堂育人模式",用"十六字"概括"SS 课堂教学模式"的立论内涵,就是:关系融洽、惜时高效、自主合作、自信自强。其中"关系融洽"是"前提保障","自主合作"是"实现途径","惜时高效"是"立论核心","自信自强"是"终极目标"。后者的实践抓手是"课堂班主任"。"SS 课堂育人模式"的提出、实践、调整、再运用,是为了让师生双方在课堂上"减负增效",也是为了让师生在实践中愈加"自信自强"。

二、我的实践与探索

日月如梭,奋斗有痕。12 年来,我在教师岗位上辛勤耕耘,成就学生、成就同事、成就学校,也努力成就自己。每个教师都在"自主成长",但都努力焕发各自在教师生涯上的"人生出彩"的经历和高光时刻,康城学校的教师们时常"反思、总结、提升",并努力更好地走好当下和未来的教师职业生涯之路。"康城学校"的新教师总是朝着"率先一步成长成熟"的目标奋进,在奋斗的过程中,康城的教师伙伴们都会互帮互助,将教师工作做得更好、更尽善尽美。我的育人观念是,作为教师,我努力学习,精进语文教学能力,努力让学生学得快乐,学得轻松,学得有趣,学得扎实。作为课堂班主任,我也注意"育人育方向",教学生知识的同时,遇到学生行规、做事、做人有不合适的地方,也及时指出教育或课后与学生沟通教育。在做好自己的本职工作的前提下,工作有余力的情况下,我很愿意帮助后进生,辅导他们的学习,助力他们在学习上的成长;我很愿意在工作上解答同事的疑问,同事临时有事时,尽量与同事换课。

"SS课堂育人模式"下的课堂应是师生之间关系融洽的课堂。学生和教师之间关系融洽,学生会喜爱教师的课堂,愿意积极地去参与到课堂中来,从而逐渐走上自主、自信、自强的道路中去。这大概就是学生喜欢的教育,它"随风潜入夜,润物细无声"。想要融洽的课堂气氛、顺利的教学过程和事半功倍的教学效果,都需要教师以师生关系融洽为前提,去努力做好教学这份工作,想方设法为学生创设趣味课堂,设计趣味学习活动,给予学生充分的思考、实践和展示的时间,为学生的课堂增添多种趣味性,也让学生在快乐中学习,在学习中始终保持对学习的热爱。

三、我的反思与感悟

在课堂上,教师和学生都会遇到教与学方面的困难。在学校的常规提醒下,我们始终保持提前备两周课的习惯,做教学有准备的教师;教学遇到困难,我们会思考困难的来源是什么,自己有什么好方法,向同事取经有什么好方法解决此类困难,然后根据本班学情,综合考虑后,决定解决困难的策略,再马上实行看效果,效果若不好则再思考、讨论,再调整方式;教师的育人氛围是人人辛勤耕耘教室内外,教师之间互帮互助,探讨教学问题、合作备课、合作备作业、互相提醒完成教师学习任务……正所谓"一根筷子容易断,拧成的麻绳拉不断",团结合作让我们的教师队伍产生了"1+1+1+……>N"的教学效果,大大提高了教师的教学效率。学生不爱学,学习事倍功半;学生爱学,学习事半功倍。所以在引导学生爱上学习方面,我们康城学校的教师也是"八仙过海,各显神通",想方设法,互相学习,求同存异,不甘落后,努力创新。在学校里,教师人人辛勤耕耘,滴滴汗水诚滋桃李,有教无类,"全员导师",关爱重视每位学生;学生好问勤学、坚韧不拔、百折不挠、善思乐学、各有所长、扬长补短、积极进取。看着学生努力的样子,看到学生"在原有的基础上有所进步,有所发展",是康城教师最大的幸福感来源。

从"绿角色"到"金牌指导"

鲁 瑾

2024 年,音乐教育不再仅是为了考试而存在,而是更注重学生的兴趣和享受音乐的过程。康城学校是我成长的摇篮,它见证了我 10 年的成长和进步。在这里,我不仅学到了知识,更学会了如何做人、如何面对困难和挑战。在康城大环境下,我想回顾一下自己作为一位音乐教师的成长之路。

一、成长——"源"于热爱

"兴趣是最好的动力。"成为优秀的音乐教师,热爱这份教育事业可以说是一个必要前提,只有热爱,才能满腔热情投入这项事业。也许热爱这份事业源于某一个小小的火种,却点燃了我终生热爱的激情。

二、成长——"在"于经历

我出生在一个音乐世家。因此,我从小就接触到音乐,也很自然地喜欢上了它。上海音乐学院毕业以后我并没有像家人那样选择成为一名专业的演奏家,而是选择了成为一名音乐教师。

当我还是一名年轻的教师时,我的教学风格是以"绿角色"为主。也就是说,我几乎不会让学生自己尝试,而是让他们重复我的演奏或唱歌的方式。我也总是告诉学生要注意细节,把每个音符都演奏或唱好。在康城的师徒结对使我不断成长,在音乐组老教师们的指导促进下,我的业务知识水平不断提高。当我开始了解到学生的需求和兴趣之后,我开始尝试改变我的教学方法。我开始更多地关注学生自己的想法和创意,并且引导他们去尝试新的方式来演奏或唱歌。我总是鼓励他们去用自己的方式来诠释一首歌曲,并给予他们更多的自由度。

在这个过程中,我也发现了一个非常重要的问题,那就是每个学生都是独一无二的。他们有着不同的想法、感受和表现方式,所以作为一名教师,我应该更加注重他们的个性和兴趣。因此,我开始逐渐成长为一名"金牌指导"。

三、成长——"功"于研究

著名教育家苏霍姆林斯基说:"如果想让教师的工作能给教师一些乐趣,使天天上课不致变成单调乏味的义务,那么就引导每一位教师走上从事一些研究的这条道路上来。"

在康城的 10 年,我们不难发现康城优秀的教师一个共同特点,那就是爱研究。有的研究怎样抓好学生的心理,有的研究怎样用更好的教学行为教学生,有的研究如何在课堂教学中使用恰当的语言,有的研究民族音乐在课堂中的教学,等等。他们在研究和写作中不断地推动自己的成长。他们通过研究,写出了优秀的论文,做出了好的课题,发表了精彩的文章,更有研究有深度的教师写出了供大家学习的书籍。在康城学校,我接触到了这些优秀的同事,他们的榜样力量让我对未来充满了信心和憧憬。学校为我们提供了良好的发展平台,让我有机会展示自己的才华和潜力。在这里,我明确了自己的人生目标,并为之努力奋斗。康城学校为我的梦想启航提供了强大的动力和支持。

四、成长——"丰"于阅读

孔子云:"万般皆下品,唯有读书高。"读书,意味着学习,喜爱读书,则往往意味着终身学习。同样只有不断读书,读有益的书,人才能更加完善,更加丰富,人的品性才会丰满。我甚至觉得,艺术是相通的,当你读了大量的书籍,有了一定的文学积累,文化底蕴不断增厚的时候,你会发现,很多以前不解的疑惑总会在某些时刻豁然开朗。

五、成长——"行"于规划

人们常说"人生之路""成长之路",总会把生命的历程比喻成走一条路。我们知道，为了到达某一目的，我们出门前总要想一想走哪条路，怎样走过去。如果你毫无目的，不假思索地出发了，很可能你走得南辕北辙，永远也到不了目的地。同样，成长之路的规划也非常重要，我相信一个成功的教师，他必定是对自己的教育生涯走哪条路、怎样走都是有一定的规划。

　　总的来说，我的成长之路——从"绿角色"到"金牌指导"——是一个循序渐进的过程。康城学校如同一座明亮的灯塔，照亮我前行的道路，引导我不断成长。回首在康城学校的10年时光，我感慨万千。这所学校不仅为我提供了良好的学习环境和教育资源，更在我人生的关键阶段给予了我宝贵的帮助和支持。我感恩康城学校的每一位教师、同事，是他们陪伴我走过10年难忘的岁月。在未来的道路上，我将铭记这段美好的回忆，继续努力前行，为实现自己下一个10年的梦想而不断奋斗。

第四章

成长蜕变，未来可期

青年教师在现代学校治理氛围中的自觉成长

2018—2023 年,康城学校进一步认识到要解决广大人民群众对均衡教育和优质教育的需求,其途径在于"办学办氛围,育人育方向",其关键在于人(教师、学生和家长),其核心在于如何提升学校管理。所以,学校构建了"引领人、激发人、凝聚人、培养人"的现代学校治理体系。青年教师在学校新的治理体系和"SS 课堂育人模式"的引领下,在文化浸润氛围中,逐渐掌握教学技巧、教育理论和实践方法,在一个或者多个方面获得了进步。他们通过学校的培养培训机制和轮岗,对学校文化和管理理念有了更好的理解,提升了自己的领导能力和管理技能,成为了学校发展的中流砥柱。

初绽·成长·可期

——记我在康城治理体系下的蜕变之路

康佳丽

白驹过隙，时光静淌。转眼，我在康城的工作即将步入第 7 个年头。

这里，包容、自由、温暖……

这里，幸福洋溢，生命出彩……

这里，如春风化雨，滋养着每一位青年教师的自觉成长。

在这 7 年里，我在实践中磨炼，在磨炼中成长，在成长中蜕变，在脚踏实地、改革创新的浓厚氛围滋润下敢于挑战、超越自我。在康城自我进取、自我发展的校园文化中如出土的新芽孜孜成长，缓缓绽放。

一、新芽初绽 向阳而生

作为一名青年教师，吴燕敏导师润物细无声的潜心指导和学校见习教师培训基地里的榜样力量，使我在教育教学方面有了潜移默化的变化，让我这颗初入教育岗位的新芽在新入职的紧张和困惑中，慢慢地微露尖角，蓓蕾初绽。在学校"SS 课堂育人模式"的引领下，我也逐渐找到了适合自己的信息科技课堂教学模式。同时，在成就学生、成就他人即成就自己的康城职业信仰的熏陶下，我也积极参与市、区组织的各类学科比赛，多次组织学生参与各类学科活动。

在康城默默奉献、通力协作精神的指引下，2020 年 9 月，我也临危受命，加入学校班主任队伍，从此开辟了我的另一条教育之路。至此，在教育教学的实践历练中，我实现了从站上讲台到站稳讲台的蜕变。

在康城，唐校长一直秉承着"多劳多得"的机制和公平成长的理念，为每一位有梦想、有勇气、有行动的青年教师提供了多方位发展的方向。在康城，在绩效机制和选拔提升机制的激励下，只要你想，只要你敢，只要你做，总有展示才能的机会和舞台。借着专业技能的优势，从 2018 年起，我先后承担起了分校录播室、各教室等多媒体设备的管理和学校部分宣传工作，在学校公众号上撰写并编发了多篇学校新闻报道，制作编辑了微党课、校庆视频等多个视频。2020 年起，我也有幸成为学校的一名后备干部。作为挂职在副校长室的青年后备干部，在周副校长的引领和指导下，协助参与了国家义务教育质量监测、课题材料整理、学校相关数据处理、新生报到信息收集等事宜。

就此，我也在承担学校的事务性工作中开始初绽。在担任学校青年后备干部的几年里，在动力和压力的驱动下，我提升了做事效率、开阔了不一样的视野，也不断地锻炼、完善自身。

二、历练成长　未来可期

在教育教学中，在学校"引领人、激发人、凝聚人、培养人"的治理体系下，依托教师专业发展学校，我逐渐向成熟型教师发展。2020 年至 2023 年，在教研员和中心组骨干教师的指导下，在学校领导的支持下，我进行了两次区级公开课教学、两次云课堂录制和几次微讲座交流。在教师专业发展上，我积极参加各类学科培训和信息科技名师基地培训，不断加强自己的专业知识。在科研方面，我也努力向科研型教师发展，主动撰写了几篇学科论文进行论文评选和发表，并参加了两项课题工作。

此外，学校的培养培训机制及轮岗机制也让我的一技之长有了更全面的展示舞台。2022 年起，我成为了校务办的一名干事，负责学校各类信息平台管理、协助学校宣传工作，以及配合其他部门做好相关工作、做好学校各类活动的开展等。在校务办四位前辈的悉心指导和帮助下，我逐渐熟悉了校务办各项工作，在多个方面都得到了进一步的锻炼、发展和进步。

从 2018 年刚入职的信息科技见习教师到能勇挑重担成为一名班主任、数学教师，从学校部门后备干部到校务办干事，我在康城的这段从初绽到蜕变的成长历程，有机缘的巧合、有幸运的眷顾，但我想更多的是学校各类制度和公平机制给我的机会，以及学校领导的关心、支持和指导。感谢在我成长路上给过我帮助的所有教师和领导，我将会一直尽自己所能为学校工作献出自己的力量，始终坚持踏实稳重、细心耐心、敢于创新的态度和热情。

康城文化,是一种激励,是一种力量。在康城的治理体系下,许许多多和我一样满怀理想的青年教师自觉主动地追求成长,超越自我,不断绽放着属于自己的光芒。

未来任重道远,而我,也将满怀憧憬,坚守初心,继续前行!

"SS课堂育人模式"下的教育探索与自我成长

陈懿莉

在康城学校这片教育沃土中,我犹如一棵新栽的幼苗,沐浴在"SS课堂育人模式"的阳光雨露之下。"SS课堂育人模式"——关系融洽、惜时高效、自主合作、自信自强,这四大核心理念犹如四盏明灯,照亮了我前行的道路。在这片充满智慧和活力的热土上,我不断地被历练、熏陶,逐渐成长为一名更加成熟、更加自信的教师。在教育实践的过程中,在很多优秀教师的引领下,我努力实践着"SS课堂育人模式",将其融入我的教学之中。我与学生建立了深厚的情感,我们彼此尊重、信任,共同探索知识的奥秘。我珍惜每一分每一秒,力求让每一堂课都充满高效与活力。我鼓励学生自主学习、合作探究,让他们在团队合作中体验成长的快乐。同时,我也注重培养学生的自信心和自强精神,让他们勇敢地面对挑战,追求更高的目标。

一、关系融洽:和谐共建,情感共鸣

要构建和谐的师生关系,需要教师主动与学生交流,了解他们的兴趣爱好、学习情况等,建立师生之间的信任感。在课堂上鼓励学生积极发言,尊重他们的观点和想法,让学生感受到课堂的温暖和包容。课后耐心倾听学生的意见和建议,及时给予反馈,让学生感受到被重视和关注。

在一次课堂设计中,我向家长收集了班级学生小时候的照片,为了营造温馨的课堂氛围,我在课件上放上了学生小时候的照片,让学生猜猜照片的主人公是谁。而在选择照片时,我还特地选择了不同层次的学生。有平时对英语学习缺乏兴趣、学习能力比较薄弱的学生,希望借此机会,能够激发这类学生在英语课堂中的学习兴趣,同时向他们传递老师同样非常关心他们,会给予他们同等的关注的信息。发出这样的信号,是希望能够给予他们一些温暖。也有有比较强的表达意愿的学生,我同样给予他们向同学展示的机会。这样为学生量身定做的课件,能拉近与学生的距离,营造更加融洽的师生关系。

二、惜时高效：课堂有方,效率翻倍

要提高课堂的效率,需要老师精心设计课程,确保教学内容紧凑而充实,避免无效的重复和浪费。作为新教师需要学会把握课堂节奏,确保每个环节都有明确的时间安排,让学生在有限的时间内充分学习。还要采用多种教学方法和手段,激发学生的学习兴趣和积极性,提高课堂效率。

同时,教师需要加强对每一个学生的了解。因此课堂中,我经常采用小组活动的形式,每个小组由一名能力较强的学生作为组长,分配一到两名英语学科的学困生在该组。同时考虑到性格因素,每个小组至少都有一名比较外向、活跃的同学。这样的小组成员配置,能够使课堂上的小组讨论更加高效。

三、自主合作：独立思考,携手共进

在新课标要求下,教师要培养学生的自主学习能力,引导学生制订学习计划,培养他们独立思考和解决问题的能力。我鼓励学生根据自己的学习进度和兴趣,制订个性化的学习计划,并在课堂上为他们提供适当的指导和支持。同时,我通过提问、讨论等方式,激发学生的思考兴趣,培养他们的逻辑思维和创新能力。而通过小组合作的形式,能培养学生的团队合作精神和沟通能力。这不仅提高了学生的学习效率,还让他们学会了如何与他人合作,共同实现目标。

此外,我还注重培养学生的领导力。在小组合作中,我鼓励每个学生都发挥自己的特长和优势,积极承担小组任务,并尝试担任小组领导。通过这种方式,学生不仅能够在实践中锻炼自己的领导能力,还能够更好地理解团队合作的重要性。

四、自信自强：勇于挑战,自强不息

我还非常注重培养学生的自信心和自强精神,鼓励他们勇于面对挑战和困难。

我关注每个学生的成长过程，及时给予肯定和鼓励，让他们在挑战中不断成长、不断进步。比如在引入主题"My possible job"时，我采用小游戏的方式，让学生走到讲台上，用课件上打乱的字母来组成各种职业的单词。同时为了拓宽学生思维，我还补充了当下最受欢迎的职业之一——vlogger，贴近学生生活，激发了学生对于英语学习的兴趣。为了降低任务难度，我在课前布置了预习单的作业，激活学生已有知识，帮助学生回忆各种职业的表达，增强学生自信的同时也调动学生的学习积极性。

在设计教学活动时，我采用"小步子"原则，将较难的目标分解为若干较小、较容易的目标，先让学生完成简单的、可以看到成果的任务，从而确立信心，进而取得学习的成功。

在康城学校的这个大家庭中，我感受到了教育的力量和温度。"SS课堂育人模式"不仅让我在教育道路上更加自信，更让我在与学生共同成长的过程中实现了自我提高。我深知，教育是一项伟大的事业，我将继续努力，为培养更多优秀的未来人才贡献自己的力量。

编织教育的彩虹

——我的榜样教师对我的影响和启示

刘舒恒

康城学校秉持"办学办氛围,育人育方向"的办学育人理念,致力于构建《上海市康城学校教师文化 DNA》,以此引领全校师生树立"自我进取和发展的人生观,学生学校利益为重的价值观,成就学生、成就同事、成就学校即成就自己的崇高职业信仰",促进每一位教师的成长和发展。而作为一名青年教师,唯有在"反思、总结、提升"中方能砥砺前行。今以"编织教育的彩虹"为题,述说我所敬仰的榜样教师对我的深远影响与启示。

入职半年有余,我承担了一、四两个年级三个班级的英语教学任务,并兼任一个班级的副班主任。尽管满怀热情与憧憬,但也难免遭遇重重挑战,深感教师职责之重大。在此期间,我遇见了一位令人敬仰的榜样教师——张伟老师。张老师从教 30 余年,即便临近退休,仍坚守教育一线,她的敬业精神与对学生的无私关爱深深打动了我。

一、悉心竭力,无私奉献

作为一名新教师,我在班级管理方面尚显稚嫩,尤其在维护纪律和严格要求学生上颇感困惑。幸而与张老师共同任教四(8)班,作为班主任,张老师在班级管理上展现出卓越的能力和丰富的经验,为我做出了表率、指明了方向。

张老师通过制定规则和制度,并注重与学生情感交流,善于引导学生正视自己的错误,让每个学生全面和个性化发展。每当我在班级管理上遇到困惑时,张老师总是愿意耐心指导,与我分享她的宝贵经验。她教会我如何与学生建立良好的关系,理解他们的需求,正确引导他们的行为。她告诫我,班级管理不仅是维护纪律,更是培养学生的责任感和自律能力。

古人云："授人以鱼,不如授人以渔。"张老师的言传身教,使我深刻体会到"学高为师,身正为范"的真谛,教师不仅是知识的传播者,更是学生品格和价值观的塑造者。在她的引领下,我亦学会以积极进取的态度,提升自己的专业技能和道德素养,在康城"五有三质四能二创就一心"的育人目标指导下,努力为实现每个学生终身可持续发展全面夯基。

二、恪尽职守,潜心育人

教学之余,张老师以其言行和人格力量时刻鼓舞着我。她对教育事业的热爱和奉献精神令我感动,也激励我更加投入教育工作。上学期期末冲刺阶段,张老师患上重感冒,即使头疼脑热、声音沙哑,她仍坚持在岗位上。她的坚持和毅力鼓舞着我,让我明白,教育是一项伟大而神圣的事业,每位教师都应以身作则,用行动影响和启发学生。

在任教四(8)班之初,班级中存在的纪律、常规问题层出不穷。面对此类挑战,张老师也曾有过心有余而力不足的感叹,但她的育人行动却一刻也不曾停息。平日里,张老师将崇高的师德化作对学生的挚爱,倾注在每一个学生身上。她爱那些聪明、优秀的学生,更爱那些调皮、不理想的学生。对每位学生都做到爱中有严、严中有爱,不偏爱每一位好学生,不放弃每一位后进生,时刻渗透"三珍三自"的校训,还通过家校生合力,实现层层育人、全员育人,最终实现班级的凝心聚力、共赢共进。

三、启迪前行,共创辉煌

张老师如同一盏明灯,照亮了我的教育之路。她以实际行动阐释了康城学校"天天进步,天天发展"的校风,亦展现了学校精神文化中的"心系学生的默默奉献精神、情系学校的通力协作精神、永不言弃的顽强拼搏精神、精益求精的教师专业精神"。在张老师的熏陶下,我也愈加坚定教育初心,明白了自身使命。

编织教育的彩虹,需每位教师共同努力和奉献。我深信,在榜样教师的言传身教和康城学校精神文化的感召下,我将在教育道路上不断成长进步,铺就一条充满希望和梦想的彩虹之路,为学生的未来添彩,为学校的发展助力。在教育的航程中,我愿化作那缕清风,与大家携手同行,共创辉煌。

从学生到教师

——拥抱最初的青春，遇见更好的自己

付 凌

记忆中，2008 年的上海市康城学校突然出现在我的青春里，那时它刚刚完成横沔中学和康桥二小的合并组建。那时的我们在康城感受着青春的炽热、美好、超越与激荡。

2018 年我以教师的身份回到母校康城，此时，与康城相识已有 10 年！

从受教者到授教者，早已轮换四季……

一、帮助·转变·成长

初入康城，对于教学总会有忐忑和期待，唐正权校长和周海燕副校长细致地考虑到新教师的这类心理，为每个新教师安排了带教导师，可以帮助我们快速成长。其间，我们不断地听课与被听课，吸收后反思，反思后实践，实践后再吸收和反思。

三尺讲台，老教师们诠释了学无止境，我佩服于他们洋洋洒洒将知识印刻在我们心间，佩服于他们不断雕琢与精进，也佩服于他们与时俱进，尽善尽美。青年教师们诠释了推陈出新，那灵动新颖的教学使学生张扬个性，发展特长。

是同龄人的热情和长辈的和蔼，让我不断融入；是同龄人的帮助和长辈的指导，让我不断进步。

尤其记得考评课前的磨课，我很紧张，因为奚爱玲老师指定了将我的考评课作为基准来衡量其他教师的得分。我不是一个抗压能力很强的人，好在有一群可爱的同事帮助我前进。为了让公开课效果达到自己满意的程度，我试教了八个班级，留下一个班级作为展示班。感动的是，即使肩负繁忙教学任务，同事们依然坚持听我的每一节试教课，他们不厌其烦、严谨负责，指出我需要改善的地方，和我一起推

敲。一遍遍试讲，一次次精进，展示的结果无疑是精彩的。

自此，每节课我都严谨认真，惜时高效。任教 4 年的我，也完整地带完了第一届学生。从六年级到九年级，是学生的初中 4 年，也是我勇于攀登，此生不忘的 4 年。是进步，是开始，是初心！

二、热爱·坚守·创新

康城高度重视并关注青年教师的成长，给我们指明方向，为我们的成长搭建了一个又一个平台。

数学组的教研活动，青年教师们呈现了一堂堂"SS 课堂育人模式"下的精品课。课后数学组教师的点评，细致入微，各种想法的巧妙碰撞，让我们加速成长。专家进校园，新颖的"课堂切片分析"更是让我们去发现自己的教学盲区，及时调整。紧跟步伐的我，也在一次次教、研、修中学习着如何去引导学生主动探究问题，鼓励学生通过讨论和合作来解决问题，培养出"自信自强自主"的学生。与同事们随时随地的小教研总会碰撞出不一样的火花，也让教学更好地进行，让布置的作业更符合"双减"政策和学生的发展。通过吸收与尝试，我在教学中有了很大的突破，六年级上学期更让所有学生的及格率达到 100%。康城更是鼓励我们开设拓展课和探究课，大胆创新，学科融合。那一次次活动、一个个小课题，让我们的学生德智体美劳齐头并进，这些平台带给我们的不仅体现在学生的成绩和思维上，更体现在我自身的成长上，对于康城的校风"天天进步、天天发展"，我们始终身体力行。是惊喜，是创新，是动力和方向。

三、感动·人师·未来

2023 年是我的教学和班主任工作转折的一年。6 月末，我的第一届初三学生顺利毕业，我也被评为了康桥镇优秀教师。8 月下旬，见到了崭新的脸庞，我也成为康城分校的六年级备课组长，并参加了由康城作为牵头学校的康桥学区工作室，康城用它的方式为青年班主任们答疑解惑，有效落实立德树人的根本任务，更新观念，用心实践，为国家培养出更多的爱国时代新人。

我们常言："经师易求，人师难得。"曾经有个本地孩子，父母离异，从小在外地读书,小学毕业后回到上海,和妈妈住在一起,但因为两个人的行为都比较偏激,总是会闹到民警上门协调。他咒老师打骂同学,但也会在我的好好教育中流下眼泪,我想尝试改变他。在时间的见证下,我为他精心准备温暖的早饭、热水等;他一次次旷课,我一次次去确认他是否安全……慢慢的,关爱融化了他眼里的坚冰,他开始和我分享他的生活,也开始有朋友,并且突然地喜欢上了数学。每天改变,每天变得更好。后来的他,靠自己的努力毕业了,数学也合格了,我们现在也会保持联系。我深谙班主任育心育人的幸福感,却还是低估了这幸福感的浓烈和久远。耳边突然响起的是刚到康城时,唐校长的那一句"把学生当作自己的女婿和媳妇"。

是康城的引领、陪伴和鞭策,让我们不驰于空想,不骛于虚声,一步一个脚印,让我们"珍惜"同行一程的缘分,"珍爱"每个学生的生命,"珍重"那些情谊。是幸福,是成长,是进阶!

康城的春天不浮华,夏天不躁动,秋天绽放着静美,冬天晶莹纯净,10 年甚至更久,沉淀着时光的温润,潜藏着璀璨的未来。我的每一次成长,康城都在!

点燃激情，引领成长
——我和我的教育榜样

王雨婷

作为一名青年教师，我的成长之旅充满了挑战与机遇。在这个过程中，康城学校为我提供一切成长的机会和资源，学校不仅是我施展才华的舞台，更是我成长的摇篮。打造理想康城，让师生健康成长，康城学校不断影响着我，精益求精的康城教师的专业精神不断感染着我。我遇到了许多值得我学习和尊敬的教育榜样，他们的经验和智慧成为我成长道路上不可或缺的指引。他们如同盛夏的烈日，热情而奔放，为学生的学习生活带来无尽的光和热。这种激情不仅体现在教学上，更深深植根于康城教师的职业信仰和教育理念中。在康城学校文化的浸润下，我不仅得到了教学技能的提升，还收获了宝贵的教育经验和人生感悟。

一、学科导师，专业引领

当我还处于见习期时，我深知自己在教育理念与教学方法上还有很多需要学习和提高的地方。我的学科导师张琴琴老师就是一位值得我敬佩的教育榜样。她在教学上严谨认真，在课堂上循循善诱，课堂活动富有创意。在第一次观摩琴琴老师的课堂时，我就被她对学生的热情、对教育的投入深深打动，并且在课后认真地观摩了一遍又一遍。那是一个充满活力、互动和启发的课堂环境。这样惜时高效的课堂不仅让学生学到了"真"知识，还让他们沉浸在语言学习的乐趣中，既锻炼了学生自主合作的能力，更培养了他们的核心素养和全球视野。每当我磨课遇到问题时，琴琴老师常会给我一些小建议。公开课后，她总能精准地指出我的不足之处，每次我都受益良多。琴琴老师不断鼓励我，毫无保留地分享自己的经验和技巧，帮助我快速适应教学环境、掌握教学技巧。她以严谨的教学态度和深厚的教育情怀感染着我,激励我不断追求卓越。在琴琴老师的指导下,我逐渐形成了自己的教学风格。我开始注重学生的参与和体验,以学生为主体,注重课堂的衔接,用生动有趣的方式呈现知识,让学生乐学善学,提高学习效率。

二、年级组长,育人支持

我们的年级组长石秀云老师也是一名优秀的教育者。她具备扎实的专业知识和丰富的教学经验,在班级管理上独具匠心,在心理辅导上温暖人心,对于家庭教育有自己独到的见解。第一次做班主任,我遇到了许多困难和挑战。有时候,我会因为学生的行规问题而感到沮丧;有时候,我会因为课堂管理上的困惑而感到迷茫。石老师就坐在我的对面,她总是耐心地听我讲述教学困惑,在百忙之中引导我去解决,然后给予有针对性的建议,给了我很大的启发和鼓舞。石老师擅长运用语言沟通的艺术,能够巧妙地捕捉学生的心理,查明事情的真相和问题的原因。每次她和学生沟通的时候,她的措辞晓之以理,动之以情,十分精辟,我想这一定是经过了无数次的磨炼才能使每个突发事件迎刃而解。我也尝试着对每次突发事件进行记录和总结,争取能够深入了解学生的需求,高效管理班级事务。石老师还在生活中给了我很多关心和支持。她经常与我分享自己的教育经验和成长历程,让我对教育事业有了更深入的理解和认识。正是有了石老师无私的指导,让我对教育充满了激情。我希望能够像她一样,不断反思、积累、沉淀,精益求精,用自己的知识和热情去影响更多的学生,能够尽我所能建立更好的家校沟通平台,同家长一起科学地教育孩子,帮助孩子们找到自己的兴趣和潜力。

三、不忘初心,感恩前行

回顾自己的成长之旅,我非常感谢康城学校这个大平台,也很感恩引领我成长的张琴琴老师和石秀云老师,以及其他所有帮助过我的康城教师们,他们都是我学习的榜样,前进的方向。这一路崎岖不平,扭扭歪歪,但是幸好有他们——我的领路人,让我能够快速成长。我深知,作为一名青年教师,路漫漫其修远兮。但是,我相信,在康城精神文化的熏陶下,在身边的教育榜样们的引领和帮助下,我一定能够不断进步,成为一名优秀的教育者。我将继续致力于教育事业,为学生的成长和未来,为康城学校贡献自己的力量。

筑起教育之路

——榜样如光,照亮前路

陆未艺

一年的时光匆匆而过,从三尺讲台到康城学校的角角落落,在这里,我度过了充实的实习时光,也开启了我的教师生涯。当我第一次踏进康城学校的大门,意味着我的身份将从大学生转变为地理教师,对此我是迷茫又不安的。大学课堂教会了我很多,但当我走上讲台面对学生时,才发现将理论知识运用于实际的中学教学之中还是存在很大的挑战。在这个过程中,学校文化的熏陶和其他教师的帮助对我的成长具有非常重要的作用。康城的校训为"珍惜、珍爱、珍重,自主、自信、自强",高度凝练的 12 个字既是学校文化的沉淀,又是对每一位师生的激励,而这些精神文化最终构建起对学校和对教师岗位的归属感,推动教师保持初心、不断成长。在熟悉和适应教师岗位时,我身边的教师们都热情地对我进行指导,向我提供建议,帮助我顺利完成教学,建立良好的师生关系。其中,我的地理指导教师赵老师时刻履行着肩负的职责,平衡教学和行政双重任务,教书育人的同时,协助学校正常开展各项活动,她的言行为我前行之路指明了方向,激励我更加努力地成长,她用无限的热爱和不断的追求,向我诠释了一名优秀教师的深刻内涵。

一、以爱温暖,无私奉献

作为教师,必须要具备责任心和仁爱之心,学生的成长之路需要以爱相伴。赵老师作为七年级的年级组长,除了关心教学班级的学生外,更要关注整个七年级学生各方面的情况。正如陶行知先生说的,"捧着一颗心来,不带半根草去"。赵老师时刻秉持着奉献精神,倾注全部的心血给学生,心系每一位学生的成长和发展。学生存在问题时,她会及时进行沟通和交流,给予关爱,帮助他们克服问题,寻找自身的不足并加以改正。目前,我校实施人生导师制度,旨在将学生落实到具体的教师,及时了解每一位学生的学习、心理、生活状况。对此,我也努力学习赵老师,做到关心学生、帮助学生,促进学生健康成长、全面发展。

二、严格控班,探索教学

现代的教育理念指出教学的主体对象是学生,课堂教学应以学生为中心开展。在地理教学中,我存在很多新教师都有的问题,如控班略有欠缺、任务型教学、教学环节过于生硬、以教师讲学生听为主等。而赵老师的课堂是一个很好的参考,为我接下来开展教学提供了思路。赵老师控班做得非常好,明确自己的底线,严慈相济,能够有效提高课堂效率。在教学过程中,趣味性和科学性并重,并将课堂交还给学生,给予学生充足的思考和表达时间。这样既能培养学生学习地理的兴趣,也能训练学生各方面的能力,加强对于课堂内容的掌握程度。通过听课,让我更加直观地了解自己在教学方面的不足,明确了接下来的改进之处和努力方向。

同时,赵老师也向我传授了有效的备课思路:观看上海"空中课堂"的教学可用于理清本节课的思路和重点,同时多查阅资料、关注生活时事,对于地理教学的设计有很大帮助。在实习期间,我选择《德国》一课进行录制,赵老师给我提供了很多建议和想法,并且帮助我进行多次磨课,使得我的第一次正式录课非常圆满。

三、终身学习,不断进步

终身学习是教师专业发展不竭的动力,能够帮助教师提升自己的专业素养和教学能力。赵老师怀揣着新时代教育的重要使命,时刻践行终身学习,在繁忙的教学之外,积极阅读论文和专业书籍,聆听相关的讲座,观摩其他教师的课程,不断提升自我的认知,与时俱进。身为年轻教师,我更需要不断地进行学习,提高自己的知识储备和教学水平,争取早日成为像赵老师一样优秀的教师。

教师是学生锤炼品质的引路人,是学生学习知识的引导者。青年教师应牢记使命,在学校和其他教师的榜样引领下,构建良好的师德师风,爱岗敬业,不断成长,推动康城持续发展,构建康城美好未来!

在康城文化氛围下的蜕变与成长
——身边的榜样教育者鼓舞我前行

潘 雯

作为一名刚刚步入教育事业的见习教师，我感到非常荣幸能够加入康城这个温暖的大家庭。康城始终秉持着"成就学生、成就同事、成就学校即成就自己"的价值观，致力于打造理想康城，让师生健康成长。正如唐校长所说，康城是一个大熔炉，每一位教师在这里都能得到锻炼。不知不觉，我的教育之路已经走了快一年了，相对于其他经验丰富的老教师来说，还有很多值得我去学习。在这一年时间里，我读懂了康城校园文化 DNA，在这个大家庭中遇到许多善良、可爱的教师，帮助我逐渐适应从学生向教师角色的转变。

一、榜样引领，温暖前行

第一次担任三年级数学教师兼副班主任工作，有时会因为教学经验不足遇到许多困难和挑战。在管理班级和学生方面，林跃华老师经常在我遇到困难时耐心地给予指导，他总说："教育事业是爱的事业，我们的教育就应该像春风那样慢慢吹开学生的心扉，就应该像春雨那样，滋润每一个孩子的心灵。我是这么想的，也是这么做的。"那时，我才懂得了一个教师要掌握的不仅是知识，还要给予学生足够的鼓励和关爱。教育是智慧与爱并存的行业，为了能成为一名好的人民教师，我会努力使自我的教育理论知识丰富起来，在学习中提高，使我的学生能欢乐地学习成长。我以林老师为榜样，逐渐学会了做一个有温度的教师。当班级里出现特别调皮不认真听课的学生时，我会采用积极的方式激励孩子。如果教师过于严厉地对待学生，会对孩子的心理和身体健康造成极端不良的影响。教师应该用欣赏的眼光看待孩子并给予夸奖和鼓励，这样可以提高孩子的自尊心和自信心，增强他们维护课堂秩序的意愿。起初我总是提出疑问："是用什么方法能够把班级管理得井井有条，学生如此听老师的话？"林老师总是笑着说："用爱去感化他们，以心换心。"特别是对于那些学习上有困难的孩子，林老师总是会耐心地指导，多一点理解、多一点鼓励、多一点支持。时不时地和学生谈生活，说理想，拉近师生的距离，不失时机地对他的一些行为做一些要求，学生也欣然接受。在林老师的熏陶下，我懂得了教师要有足够的耐心和爱心，用爱去感化，用真心去换真心，用欣赏的眼光去看学生，多去发现他们身上的闪光点，用赞扬的方式来表达对学生的关爱，多去肯定他们的每一点进步。

二、导师鼓励，专业猛进

在学科教学方面，非常感激我的导师张俊老师。张老师经常在自己繁忙的教学工作之余耐心地指导我。印象最深刻的是一次公开课，从备课写教案到磨课，张老师不辞辛苦地陪伴我度过了一天又一天，每一次试讲课张老师总是会在教室的角落安静地听我讲课，哪怕自己的课有冲突也会第一时间调节并赶来。课后张老师耐心地帮我分析问题，指导我如何改进教学方法和细节。每次当我担心自己的课堂效果时，张老师总会拍拍我的背笑着说："没事，我相信你可以的！"这句话给了我莫大的动力和信心。在作业方面，张老师作为数学备课组组长会经常为我提供许多宝贵的学术资源和实践机会，教我如何布置特色作业，学习一些额外拓展性的数学技能。每次当我遇到教学上的困难时，张老师总是第一时间放下手头上的工作来询问情况，并以自身的经验耐心引导我。无论是教学还是为人处世，张老师就如母亲一般悉心指导，不离不弃陪伴在我左右。

三、校风校训，助我前行

作为一名刚刚步入职场的青年教师，有时我不善于处理与同事之间的人际关系，在班主任和副班主任的工作配合中，可能会产生一些小摩擦。在这里我非常感谢教导主任王家唯老师对我的细心指导，他总是和我说："无论是对学生还是老师而言，康城是一个温暖的大家庭。只有互相合作、尊重和支持才能共同完成教学工作。"这让我知道了和谐、协调的教师队伍不仅是班级的基石，也是促进学校集体共同发展的关键。王老师平日里教学工作繁忙,但也会抽出空主动帮助我和其他任课老师进行协调工作。康城"情系学校的通力协作精神"深深烙印在我的心中,帮助我从一名未经世事的大学生逐渐蜕变成一名合格的青年教师。

我很幸运能在康城遇到这么多善良、可爱的教师。师者如光,微以致远。康城不仅照亮了学生心灵成长之路,也将真善美的种子播撒在了我们青年教师的心中。站在新的历史节点上,作为青年教师,我们肩上承担着为党育人、为国育才的历史重任。我会一步一个脚印,一路追光,筑梦前行,力争为康城的发展添上新的荣光与辉煌。

我对康城校园文化的认同与融入

潘 登

　　教育不仅是育人工作,也是一门育人艺术,而艺术就不免带有极强的个人色彩,教师个人对学生影响是很大的。在入职康城的这一年多中,我感受到康城这艘"航空母舰"强大的文化感染力,对我的教育教学技能的改变产生了深远的影响。

一、我对校园文化的认同

　　在新冠疫情反复的 2022 年,我来到了康城学校,这时的我带着走上讲台的喜悦,准备实现属于自己的教育梦。可是,当自己真正站在讲台上的时候,这一刻的感觉是完全不同的,除了要把课本学识教授给学生,我感觉还要且应该教给他们更多。看到学生上课状态不一,我知道还要管上课纪律;看到学生作业上交和完成情况不佳,我知道还要端正他们的学习态度;发现学生情绪剧烈波动,我知道我还要负责谈心沟通;等等。曾经忽略的、无视的、觉得不重要的,都在慢慢走进我的教育视野。随着学校颁布的"五大"评价体系,这种教育认识走向了立体。大德育、大体育、大语文、大科创、大中国,从这五个维度来评价一个班级学生的情况,并且有关成绩的部分占比并不高,甚至可以说是偏低的。从这时候起,我开始认真审视接触到的学校文化,理念、校风、校训不是一句空话,是切切实实的教育目标和方式。

二、我在康城文化中的融入

　　接触文化,理解理念,感受精神,付诸实践。课堂教学是学生的主阵地,也是教师的立身之本,在第一次公开课后,各位听课教师的评价是个人亲和力强,但课堂设计和互动缺乏,于是我意识到我的课堂需要改进。怎么改进? 校园文化里有了答案——珍惜。要让学生珍惜课堂，让教师做到教学设计惜时高效，每一堂课都弥足珍贵。心中有了答案，接下来需要的就是思考和实践，利用希沃的截图上传功能，减少了部分学生板演时间；以简单课例习题代替重复无意义的概念记诵；教学中加入更多的学生互动环节，争取一次理解；等等。课堂也是教师自身的映射，在我做了这些教育上的改变后，自己也在不知不觉中，更加有时间观念，更加在意时间管理。文化正因浸润了人，方才变得鲜活生动；教育正因有了付出，方才育人育才。

当然在这个过程中，我也感受到了无力，学生的很多问题是校园之外或者自身学科之外的，教师一人难以撬动学生的教育进步，需要家校合力，众师协作。同事关系是我到康城后感受较深的一点，办公室里、学科组内、年级组中大家相处融洽，少有矛盾，即使有困难，大家也热情帮助。在这样的氛围中，教师们对工作自然热情高涨，更愿意融入康城这个大集体，因为有付出，也有回报。家校关系是我在第二年开始当班主任后有了更深认识的。说实话，第一年我与家长的沟通交流是不足的，毕竟很多家长应该关注的问题都被班主任解决了，而现在需要我独当一面，这些事情就不得不面对。暑假里我完成了对我班 43 名学生的家访工作，在这个过程中，我了解到了以前难以想象的情况，43 名学生对应了 43 个家庭，有好有差，有单亲离异，有二胎三胎，学习成绩真的太片面了，没有了解学生家庭情况、学习状态、过往情况，如何做出有效的教育？故而，我开始重视家校合力，积极与家长沟通学生在校情况，了解在家完成作业情况，针对问题提供简单易行的方法指导，邀请家长来校与学生、与任课教师一起做交流。有了家长的参与，教育工作真的会变得透彻和有效。

三、我在康城文化中的成长

教育工作不是单纯的奉献，我在其中也获得了很多成长。在教研、师训、讲座中学到的教学理念和方法，我在日常工作中进行实践，这些最鲜活的教育慢慢充实了自己，什么样的学生该如何沟通如何教导，这节课这个环节该如何去实施，怎样去避免意外事件的发生，如果发生了该如何去处理。正确看待教育工作中的麻烦事，试着去做好解决，这就是成长，这是我从康城文化中逐步感受到的，教师这条路很长很长，会经过很多风景，只有跨过困难才能走得快、走得远。

感谢康城这个平台，助我成为更好的教师！我会虚心向前辈学习，珍惜、珍爱、珍重，自主、自信、自强。

一载路渐渐　康城情悠悠

陈　磊

以一个陌生的身份融入一个集体对任何一个人来说都不是一件容易的事。但如果问我：从一个局外人转变为一个康城人需要多少时间？我会回答：一年足矣。

进入康城一年后，我不再踽踽独行，不再茕茕孑立，取而代之的是归属感。这得益于康城校园文化的熏陶，即：树立自我进取自我发展的人生观；学校至上、凝心聚力、共赢共进的价值观；成就学生、成就他人即成就自己的崇高职业信仰。对我来说，这分别来自恩师、同伴和学生的浸润。

一、人生观，来自恩师言传身教的浸润

师者，所以传道授业解惑也。徐老师是我的师父，在这一年内，我被徐老师的为人师表、专业能力和谆谆教诲深深折服，她是一位塑造教师的教师，她筑牢了我的康城人生观。

大多数时候我是一个性格平和的人，但有时候我也会被一些调皮的学生影响情绪，但徐老师的一句话使我始终能保持一颗平常心。那是我认识徐老师的第一天，也是我第一次听徐老师的课，课后徐老师给了我一句忠告——作为教师，一定要心中有学生，一定要爱学生。学生是特殊的人，对待学生要保持稳定的平和心态。后来我屡次处理学生问题都遵循这个道理，久而久之，教育的幸福感就被我捕捉到了，于是就更加爱学生，形成了一个正向的闭环。

爱学生也是爱自己，不仅是心态上的巩固发展，在徐老师的引路下，我逐渐树立了自我进取、自我发展的人生观。一切的一切都离不开徐老师的言传身教，徐老师真是我的贵人！感谢康城，这份师徒情是我弥足珍贵的幸运，浸润着我进步发展。

二、价值观，来自同伴互助合作的浸润

他山之石，可以攻玉。康城的同伴可以让我受益无穷，我也在互助合作的浸润中逐渐建立共赢共进的价值观。

上好考评课是一位见习教师最重要的任务，磨出一节完美的考评课是评优的重中之重。但磨课意味着需要借其他教师的班级，作为一位稍显青涩的新人，对"借班"这件事情还是略有害羞的，一是因为不太好意思麻烦其他教师，二是因为面对陌生的班级，我怕教学中难以放开心态。在师父和其他教师的一致鼓励下，我解开了害羞的枷锁，几乎借完了整个年级的班来磨课。并且，在一次次的磨课过程中，语文组的教师凭借多年来的教学经验点出了我教学中的不足，这使我醍醐灌顶，飞速成长。

语文组仅是康城同伴互帮互助的一个缩影，我的每一位前辈和同伴都让我变得更优秀，时时昂扬奋进，我也逐渐意识到合作共赢的重要性。感谢康城，这份同伴情是康城大家庭弥足珍贵的幸事，浸润着康城人驰而不息。

三、职业信仰，来自孩子天真淳朴的浸润

孩子们的天真纯朴是康城最亮丽的一道风景，我时常会为孩子们的点点滴滴所打动，我的职业信仰也在这些点点滴滴中树立和坚固。

在我当实习生的时候，我曾代过某个班级两个月的道法课，在我的设想里，这两个月的经历将会平淡而匆匆，毕竟我只是这个班级的一个"临时工"、一个"过客"。

两个月过得很快，转眼就来到了最后一节课。下课铃声响起，最后一排的女孩子"语出惊人"，大声喊道："陈老师，我最喜欢你了！你知道吗，别的课我都是直接睡觉的，就你的课我是全程认真听的！"我是一个感性的人，这声半开玩笑似的肯定，虽然有点好笑，但那一瞬间温暖了我这位"过客"的内心。

虽说教师的付出不需要任何的回报，但当我的付出、我的爱收到了令我感动的回应，那一刻深深增强了我的职业满足感。"落红不是无情物，化作春泥更护花"，这句千古流传、歌颂奉献者的诗，其实还有另一番意义：落红肥沃了春泥，春泥又

滋养了花朵,二者是相互扶持的状态,失去了任何一方的作用都不行。所以孩子们的真情是我教育路上最美好的回报,是我在教育事业上奋发的源源动力,我也将更加坚定地为我的孩子们付出。感谢康城,这份师生情是我弥足珍贵的幸福,浸润着我信念如磐。

　　人生路漫漫,一年只是弹指一挥间,但康城文化,在这短暂的光阴里,慢慢地、悄无声息地浸润了我的心,时时刻刻帮助着我发展进步。我深深领悟,在康城这个大家庭,再独立的个体都不会踽踽独行,每一个个体互相守望、相互作用、相互合力,最终构成"康城共同体"。这是非常难得的,在康城却是非常普遍的。得来不易,因此务必全心珍惜,我务必拥护发展这种集体力量,共建康城的蓬勃未来,共护康城的共同体意识。

我在康城校园文化精神中的成长

卢禹彤

作为一名教育工作者尤其是青年教师,我深知校园文化和学校精神对于教师、学生成长的重要性。校园文化不仅是学校历史与传统的积淀,更是校园中每一位教师、学生精神成长的沃土。加入康城两年来,我时刻浸润在康城校园文化中,从优秀教师和带教导师的引领与指导,到 SS 课堂的探索与实践,我深刻感受到"珍惜、珍爱、珍重,自主、自信、自强"的康城校园文化精神。

一、榜样教师的力量

在我的教师成长道路上,有这样一位康城的榜样教师——赵琴老师。她珍重学生,对学生满怀关心,她使"让每个学生全面和个性化发展"的康城育人目标得以具象化展现,在她的引领与指导中我感受到康城价值观的温度。赵老师不仅在课堂上传授知识,更在课下关心学生的生活和成长。她关心身边的每一个学生,面对年级组中遇到困难的学生,她总是会设身处地地站在学生立场思考问题,耐心倾听学生的困扰并给予鼓励和建议;面对年级组中学习压力大的学生,她总是会肯定学生的每一点进步,提供力所能及的帮助,帮助学生重新找回自信和学习的热情;面对年级组中调皮捣蛋的学生,她从不会轻易责备对方,反而会利用课余时间与学生谈心,耐心了解他们内心的真实想法和感受,从多方面多角度分析学生问题产生的原因,从而帮助他们回归正轨。赵老师的一言一行诠释了什么是真正的教育,教师是学生情感的慈善者,作为一名教师,我不仅要传授知识,更要关心学生的成长和发展,因材施教,让每一个学生都能有所进步。

二、文化浸润下的自觉成长

在赵老师身上,我看到了康城教育工作者的责任感和担当精神,感受到让每个学生在原有基础上有所进步的康城育人目标,体会到康城校园文化中珍重学生、珍重情谊的精神。我开始关注学生身上的多面性,我细心观察、耐心倾听、用心引导、因材施教,帮助每个学生身心健康成长。班级中聪明但害羞腼腆的女孩,我让她担任课后服务记录工作和学科小组长,创造机会帮助她克服心理恐惧,鼓励她勇于和老师、同学进行主动交流;班级中调皮逃避上学的男生,我利用课余时间面对面谈话了解他的真实想法,并建立激励机制,从他感兴趣的早锻炼入手,鼓励他在学业中也展现出运动时坚定不移、顽强拼搏的一面;班级中孤独不自信的女生,我鼓励她参与黑板报小组结交朋友,在六一活动中鼓励她表演擅长的琵琶弹奏,引得同学们纷纷鼓掌赞叹,帮助她建立自信心。实践中我感受到身为康城新一代教育者的责任与担当,也让我更加明晰自己的职责和使命,在康城校园文化中凝心聚力、共赢共进,成就学生、成就他人、成就自己。

三、我的 SS 探索之路

作为只有两年经验的新班主任,我在这学期有幸开展了一次主题班会课,在这次主题班会课的筹备和设计中尝试"SS课堂育人模式"的探索与实践,让学生在课前准备与课堂环节中切实感受自主、自信、自强。主题班会课程的准备阶段,在给定的爱国爱党主题下,让学生自主分组查阅资料,以学生的视角出发自主设计班会课上的活动,鼓励学生勇于创新、不墨守成规,创出自己的特色。班会准备过程中,教师作为辅助者帮助学生解决课前准备遇到的问题,梳理把握课堂活动流程。在"放手"让学生自主合作完成的模式下,学生们依据自身特长分组,组成诗朗诵小组、先烈故事分享小组、歌唱祖国小组等,在班委的引领下自主完成活动内容设计,最终呈现了内容和形式充实、有趣且具有教育意义的班会课设计。在这次主题班会课的准备与设计中,实践康城"SS课堂育人模式",帮助学生克服习惯差的自主管理、依据自身特长分组建立自信心,做到自主、自信、自强。于我而言,在这样合作互助、惜时高效的课堂中也感受到学生的每一步成长,感受到康城文化的每一份浸润。

　　回顾加入康城大家庭以来的这两年时间,康城学校的校园文化一点一滴指引着我们青年教师前行的道路,帮助我树立自我进取自我发展的人生观,让我勇于创新,不断反思、积累、沉淀、成长。康城的榜样教师们也用自己的言行影响着、浸润着我们青年教师,他们用自己的实际行动诠释着教育的价值和意义,用自己的热情与智慧推动着康城教育的创新和发展,也激励我追求专业的成长和思想的进步。在未来的日子里,我会继续浸润康城文化,以康城学校的优秀教师团队为榜样,心系学生默默奉献,情系学校通力协作,精益求精提升专业,努力成为有知识、有品格、有责任感的康城教师。

从"早上好"到"老师好"

佘卓成

"办学办氛围,育人育方向",在我刚进入康城学校时,唐校长就给我们见习教师介绍了康城学校的办学理念。他说,学校靠氛围才能培养好每一位教师与学生。如今,在这个充满热忱与活力的校园中,我深感自己已被这浓厚的文化底蕴所感染,逐步融入这种以人文关怀为核心的教育环境。

一、初进康城

初来康城的某一天,人事部门的陆老师关切地问我:"我和同事们都看到你一直一个人吃饭,你在康城还习惯吧?"

我一愣,性格有些内向的我,习惯了一个人独处,并没有把这当一回事,没想到因此让同事们担心了。好在解释了一番后,陆老师也理解了情况:"所以,你也希望和同事们尽快融合,对吧?"那肯定啊,我点点头。于是陆老师给我出了一个主意——"那就先从给每个老师打招呼开始吧。"

于是,我开始了我的任务——

"早上好。""早。"我的导师顾老师露出了沉稳的微笑,点了点头。

"沈老师早。""早!"办公室的沈老师高兴地回应了我的问好。

"早上好!""嗯,早。"走廊上偶遇的唐校长听到了我那略带紧张的问好,轻轻朝我挥了挥手。

像这样,康城每位老师都有所不同,但他们看到我时都会露出开心的笑容,我观察着老师们的回应,心中感受到了康城学校独特的温暖。

二、融入康城

一声声的问好既构筑起了人与人之间的桥梁,也在很多时候成了开启话题的由头。沈老师与我今年一起搭班,所以我们的对话就往往围绕着这个班的孩子们展开。

很快,我就发现沈老师和我眼中的班级印象是不同的——学生在沈老师的课堂上是活跃的,而在我的课上却是死气沉沉的。我和沈老师说,课后生龙活虎的那几名男生,课上反而是必须点到名字,才会小声地回答提问,这课别说他们,连我都有些犯困。沈老师听完想了想说:"他们是不是有点紧张?"她开玩笑地说:"学生们都觉得你是个'高冷'的人嘞。"我是个高冷的人? 我一愣,很快意识到了沈老师的意思是在我的课堂上气氛太严肃了,学生们不敢开口。真是如此吗? 当我再次走进班级时,我将注意力放在了学生们的面部表情上,看到的是他们面对问题时尴尬又局促的神情。恍惚间,我仿佛看到了那个初来乍到时寡言少语的自己……

三、扎根康城

"那就先从打招呼开始吧。"耳边再一次响起了陆老师当时的建议,我决定让学生在课堂上先与我"打个招呼"。

自此,我在课堂上增加了一个"说一说"的环节,让学生来说这节课的"开场白"。比如讲光的直线传播,就请学生找找身边的光源;讲透镜成像,就让学生看一看手边的眼镜是凸透镜还是凹透镜。通过回答简单的问题,学生有了开口的经验,也为自己下一次开口积攒了勇气与自信。很快,课堂的氛围有所改善,越来越多的孩子愿意参与进我的课堂中。

打铁要趁热,在顾老师的指导下,我在课上特意设置了一道陷阱题,请一位班上学习很好的男生小 A 回答,果不其然,他落入了陷阱。我嘿嘿一笑,"很好,但有点小问题,再仔细想想?"看到小 A"马失前蹄",班中其他同学也被勾起了兴趣,课堂氛围也变得更加积极、活跃。而在那之后,我又故技重演了几次,成绩好的几个学生被我激起了斗志,学习得更加投入了。但更为重要的是,学生们都形成了"在余老师的课上答错是一件正常的事,只要认真想了同样也会被表扬"的认识,回答问题起来就不会再有心理负担,我的课堂自然也就变得更加热闹了。

　　一个学期后,我上了一节公开课,即使身后坐了许多的教师,学生们也看不出一点紧张的样子。公开课结束正好赶上午休,物理组的老师和我一起去吃午饭,远远的操场上有个男孩子发现了我,扯着嗓子大喊"余老师好——",带起他们整个班中一片涟漪。沐浴在一片片问好声中,我嘴上劝他们不要妨碍别的班级上课,心中早已乐开了花。

发现问题 解决问题 自我修正

——我在"教、研、修"中的成长之路

赵欣玥

作为一名初中数学教师,已经走过了 3 年的教师旅程。这 3 年,对我来说是一段充满挑战与机遇的成长之路,是"教、研、学"三者相辅相成的修行之旅。

一、瓶颈与机遇

刚踏入教育行业时,我带着满腔热情和对数学的热爱,希望能够将知识的光芒传递给每一个学生。然而,现实很快让我意识到,教学远比我想象得复杂。我面对的是一群正处于青春期的初中生,他们对数学的态度各异,有的充满好奇,有的则显得漠不关心。我尝试用传统的教学方法,却发现这些方法难以激发他们的兴趣,课堂效果并不理想。我开始感到困惑,甚至怀疑自己的能力。康城学校以其开放包容的学术氛围和创新精神,为教师和学生提供了一个充满活力和创造力的学习环境。在这里,我感受到了学校对教师专业成长的重视,以及对学生全面发展的关注,在康城学校,每个师生都树立了自我进取、自我发展的人生观,以及学校至上、凝心聚力、共赢共进的价值观。这种文化激励我不断探索教学的新方法,鼓励我将数学与生活实际相结合,让学生在解决问题的过程中体验数学的魅力。

二、平台与突破

在我最迷茫的时候,学校让我与一位有丰富教学经验的数学教师进行师徒结对。他不仅在教学上有着丰富的经验,而且在教育研究方面也有着深入的见

解。他耐心地指导我,告诉我教育的真谛在于激发学生的内在动力,而不仅是知识的灌输。他鼓励我进行教学探索,尝试将数学与生活实际相结合,让学生在解决问题的过程中体验数学的魅力。这种"博采众长、勇于创新、厚积薄发,务实超越"的办学理念,让我在教育实践中不断反思、积累、沉淀理论和实践经验。

我开始尝试将"教、研、学"三者结合起来,以提升自己的教学实践。在"教"的层面,我设计了一系列创新的教学活动,如数学游戏、小组竞赛和项目式学习,让学生在轻松愉快的氛围中学习数学。在"研"的层面,康城学校提供了丰富的教研资源和平台。我参与了学校的教研活动,与同事们共同探讨教学方法,不断反思和改进自己的教学策略。学校对教育研究的重视,让我有机会接触到最新的教育理念和实践,这些都极大地促进了我的专业成长。在"学"的层面,康城学校的学术氛围促使我不断追求新知。我积极参加各类教育培训,阅读教育心理学和数学教育的最新研究成果,以提升自己的理论底蕴。学校提供的学术支持和资源,让我能够不断更新自己的知识体系,更好地服务于教学实践。

通过不断的教学实践,我发现学生对数学的兴趣逐渐被激发。他们开始主动参与课堂讨论,对数学问题表现出浓厚的好奇心。我也在教学中发现了一些有趣的现象,比如学生在解决实际问题时展现出的创造力和团队协作能力。这些发现让我意识到,数学教学不仅是传授知识,更是培养学生解决问题能力和创新思维的过程。

三、反思与进步

在教学探索的过程中,我也遇到了新的挑战。如何确保教学内容的深度与广度?如何平衡不同学生的学习需求?为了解决这些问题,我开始尝试差异化教学,为不同层次的学生设计不同的学习路径。我学会了观察学生的表现,根据他们的反馈调整教学内容和方法,确保每个学生都能在数学学习中找到适合自己的节奏。这种"天天进步,天天发展"的校风,以及"珍惜、珍爱、珍重,自主、自信、自强"的校训,让我在教学中更加注重培养学生的自主学习能力、自信心和自强不息的精神。随着时间的推移,我的教学风格逐渐成熟。我能够灵活运用各种教学工具和策略,我的学生们对数学的热爱和自信得到了培养。

四、总结

这 3 年的历练,让我深刻体会到"教、研、学"的重要性。教学是实践的舞台,研究是提升的阶梯,学习是不断进步的动力。在未来的教育道路上,我将继续坚持这三者的结合,不断探索更有效的教学方法,深入研究教育理论,积极学习新知识,以期成为一名更加优秀的数学教师。我相信,通过不懈的努力,我能够为学生打开数学世界的大门,引领他们在知识的海洋中遨游,发现数学之美。

在康城独特的教育模式下成长

范智伟

自 2022 年 9 月进入康城学校这座学术殿堂,我已在教育的广阔海洋中航行近两载。在康城学校的学习与生活中,我深刻感受到了校园文化的独特魅力和深刻内涵。特别是其"散养"与"圈养"融合的创新培养模式,以及"一师多徒,一徒多师"的学术探索,都让我对康城校园文化产生了强烈的认同感,并努力融入其中。

一、"散养"与"圈养"的和谐共生

在康城学校的文化氛围中,我体验到了"散养"与"圈养"两种看似矛盾实则相辅相成的教育模式。

在"散养"的环境下,我得到了充分的自由去探索、去实践、去创新。这种宽松自由的氛围让我能够大胆尝试新的教学方法和策略,从而找到最适合自己和学生的教学风格。同时,学校也提供了丰富的资源和平台,让我们能够充分发挥自己的专长和潜能。

而在"圈养"模式下,我感受到了规范与引导的力量。备课组和教研组的活动让我有机会与同行和导师们深入交流、互相学习。他们的经验和智慧让我受益匪浅,也帮助我在教学实践中少走了很多弯路。这种"一师多徒,一徒多师"的模式让我能够从多个角度审视问题、解决问题,从而更加全面地提升自己的教育教学能力。这种集体智慧的碰撞,不仅让我受益匪浅,更让我在实践中迅速成长。

二、"一师多徒,一徒多师"的多元发展

在康城学校,我们实行"一师多徒,一徒多师"的学术探索模式,这深刻彰显了知识的力量与学术的崇高。每位导师都堪称知识的宝库与学术的灯塔,他们倾囊

相授,将自身丰富的经验和智慧无私地传递给弟子们。弟子们则通过与不同导师的交流与学习,不断拓宽学术视野,丰富知识体系。

同时,"一徒多师"的模式也极大地促进了弟子们之间的交流与协作。我们相互学习、相互借鉴、相互竞争、相互合作,共同营造了一个充满活力、富有创造力的学术环境。这种既合作又竞争的氛围,不仅激发了我们的学习热情,也极大地提升了我们的综合素质与团队协作能力。

"一师多徒,一徒多师"的教育模式虽增加了教育过程的复杂性与多元性,但这正是其独特之处。它为我们提供了一个广阔的交流平台,让我们在思想的碰撞与交融中明确自我定位,实现自我价值。同时,也为导师们提供了丰富的教育资源,使他们在与弟子的互动中,不断更新知识体系,提升教学能力。

教育不再是单向的灌输,而是双向的交流与互动。这种模式让导师与弟子都能从中受益,共同成长。这正是"一师多徒,一徒多师"教育模式所展现的非凡魅力与深远意义。

三、深度参与和积极贡献的自我提升

在康城学校的日子里,我不仅是一个学习者,更是一个积极的参与者和贡献者。我深知,校园文化的发展离不开每个人的努力和付出。因此,我积极参与学校的各项活动,无论是学术研讨会、文艺演出,还是志愿服务、社会实践,我都尽我所能去做好每一个细节,为校园文化的发展贡献自己的一份力量。

在教研活动中,我积极发言、分享看法,与同行们共同探讨教育教学的热点问题。在文艺活动中,我发挥自己的特长,为学校的文艺事业贡献了一份微薄之力。在志愿服务和社会实践中,我更是将自己的知识和技能应用到实际中,为社会做出了一份贡献。

同时,我也深知自己还有很多不足和需要提高的地方。因此,我始终保持着一颗谦逊的心,不断向导师和同行们学习、请教。我坚信,只有不断学习、不断进步,才能更好地融入校园文化,为校园文化的发展贡献更多的力量。

四、展望未来,共筑康城梦想

展望未来,我期待着与康城学校一同成长、一同进步。我坚信,在"散养"与"圈养"的和谐共生和"一师多徒，一徒多师"的多元发展模式下，康城学校的校园文化将会更加丰富多彩、独具特色。同时，我也期待着自己在康城学校的未来能够取得更加优异的成绩和更加深厚的学术造诣。

为了实现这一目标，我将继续努力学习、不断提高自己的综合素质和教育教学能力。我将积极参与学校的各项活动，为校园文化的发展贡献自己的力量。我相信，在康城学校的大家庭中，我们一定能够携手共进、共同创造更加美好的未来！

我在康城的专业成长

顾佳豪

进入康城学校以来，我对学科教学和班主任工作有了新的认识，也逐步从新教师过渡为开始实现专业发展，这离不开学校这个大家庭对我的专业培养。

一、导师帮助，给我方向

在见习培训期间，导师带教对我起到了重要帮助。在教学前，教师需要仔细研读教材，准备教案和课件。导师对我的教案和课件进行了详细分析，从教学目标、教学重难点是否把握准确，课前导入和新课引导是否合理，到例题和练习是否选择合理并有梯度，从课件内容安排到板书设计，从课堂提问设计到课堂活动安排，导师无一不细致地帮助我指出了存在的问题并提出改进意见，让我能够基本把握整体课堂教学。在教学后，各位听课教师积极提出自己宝贵的意见使我能够记录下来并进行深刻的课后反思，这里的意见有对教案、课件上产生的错误的意见，有对教学顺序安排的意见，有对课堂上教师提问、教师对学生评价的意见，有对特定题目教法的讨论，也有对课堂整体时间安排、教学形式的看法。根据这些意见和建议，我认真总结了课堂教学中存在的问题，并积极地进行改进。在最初的过程中，我有时并不能准确把握教学，在教案和课件中存在不少问题，往往要进行多次修改，有时精心修改完成的教学设计取得的教学效果也不甚理想，有一些沮丧和灰心。这时导师和各位教师会及时激励我，提醒我教学设计要和班级具体的情况相适应，才能取得更好的课堂效果，同时对班级的了解程度和课堂实践的经验积累都需要时间。我正是在康城各位教师一次次的引领下逐渐了解和适应了课堂教学，理解了上好一堂课并不是一件简单的事，是需要长期不断地打磨学习才能有所突破。

二、团队合作,给我力量

在刚担任班主任工作时,我还是一头雾水,班级管理、家校关系、师生关系等都对我的工作提出了不小的挑战。这时我往往会向各位老班主任请教,学习先进的管理经验和应变经验,班级的日常行为规范、值日制度、班干部任命、作业制度等。通过学习和总结,我能够形成一定的经验并将其投入应用,但对于突发事件的处理,和家长的交流沟通,对学生的日常教育,对心理问题生、学困生的关心等却没有完美的标准答案,因此我平时不仅会认真思考自己遇到的问题,同时也会时刻关注其他教师遇到类似问题的处理方法,多问自己一句如果自己遇到这样的情况会怎么做,自己能否做好情绪控制和管理,冷静理智地解决问题。对于产生的突发事件和矛盾,我认真学习学校的规范处理流程和原则及一般的处理方法。对于学生的教育工作、家长的沟通工作,我积极听取经验丰富的教师意见,做到换位思考,严守教育原则的同时兼顾人文情怀。

教师的专业发展离不开学校团队的支持,离不开学校各位教师的精诚合作和探索,相信在学校各位同事的引领和传承下,我能够从新教师开始实现专业发展,做好教师工作!

榜 样 的 力 量

——塑造我独特的教育风格

苏 玲

展翅高飞是鸟儿的梦,自由奔放是骏马的梦,百花争开是春日的梦,教书育人是我们的梦。我是苏玲,入职 2 年,现任教一年级语文学科,并担任班主任工作。

一、教育的初心

我的教育初心很简单,源自对孩子们的热爱,我也热爱教师这个简单纯粹的职业。2021 年我加入了康城学校这个大家庭,踏上这神圣的三尺讲台,循着常规教学,捧着热心育人,犹如一叶扁舟,心在溪流,在远航。

二、榜样的力量,为教育教学塑型

任职的这些时光,有付出,有收获,有成长,从最初的懵懂,到现在的目标明确,就是努力成为一名优秀的人民教师。但教育的真谛,需要有志之士探寻,成为优秀的教师绝非一朝一夕之事。所以,在我刚踏入教育的征程时,我遇到了一位令我钦佩的榜样,她就是我的恩师——陶老师。陶老师在教学方面给予了我巨大的帮助,不仅在课堂上传授知识,更是在教育理念和方法上给予我耐心的指导。

1. 教育的真谛"言传身教"

鲁迅先生曾说:"教育根植于爱,没有爱就没有教育。"在陶老师的班级里,每一个学生都能感受到如春风拂面般的温暖,无论是专注好学的学生,或是活泼调皮的学生,无论是体贴懂事的学生,还是古灵精怪的学生,她都用爱心和耐心去帮助他们、感染他们,让他们在爱的氛围中茁壮成长。她真正用自己的言传身教,教会了我一个重要的道理：教育是一项充满温暖和关爱的事业。

2."小课堂，大老师"

在她的班级有一位敏感内向的学生，每次我前去听课，都会看到他一个人默默坐在最后一排。面对这样的学生，陶老师没有放弃，而是耐心地引导他。遇到简单的问题，她会主动提问这名学生，并引导他不断接近正确答案；课程结束后，陶老师也会来到他身边，询问他有没有什么疑惑，有没有不懂的问题，因为她相信，每一个学生都是一块未经雕琢的璞玉，只要用心去雕琢，他们都能散发出耀眼的光芒。也正因为如此，在她的课堂上，每一个学生都能感受到她的关心和关注。她总是耐心倾听他们的问题和困惑，给予他们积极的反馈和鼓励。这种温暖的教育氛围让学生们能够自信地发声，敢于表达自己的想法和独特的个性。

3.教育的真心，真心的教育

作为语文教研组的组长，陶老师也热情地关心着我们每一位同事。记得初入职时，我在教学设计方面总是存在问题，陶老师便不厌其烦，在百忙之中抽出时间一次次地帮我修改教学设计、一遍遍地陪我磨课，甚至是精心研究每一句话、每一个环节。她毫无保留，将自己的经验全盘托出，甚至在公开课时现场为我计时、抠教学环节中的各个细节，给我提供了宝贵的指导意见。

三、追寻榜样步伐，积蓄教育之力

教育要探究教与学的方法和规律，提炼自己的教学主张。通过与陶老师的交流和学习，我学会了课前用心钻研教法，课上挥洒教育智慧，课后尽心批阅辅导；学会了注重教学的细节，关注学生的学习差异，灵活运用各种教学策略和工具，使每一堂课都能够充满活力和趣味性。"亲其师，信其道。"陶老师的示范教学让我明白，只有不断地自我反思和改进，才能成为一名优秀的教育者。

四、榜样力量下的自我成长

而今，在陶老师的指导下，我逐渐形成了自己独特的教育风格。我努力将温暖与专业相结合，用关爱去引导学生，用知识去启迪他们的思维。我注重每个学生的个体发展，鼓励他们发掘自己的潜能，培养他们的创造力和解决问题的能力。我努力创造积极向上的学习氛围,让学生在轻松愉快的环境中获得知识和成长。

"苔花如米小,也学牡丹开。"通过与陶老师的相处和学习,我深刻认识到榜样的力量。榜样不仅是我们学习的对象,更是我们努力成为更好的自己的动力。作为一名新教师,我将继续借鉴前辈们的优秀经验,不断完善自己的教育风格,为学生提供更好的教育服务。

五、结语

教育事业前路漫漫,我无惧无畏。希望通过我的努力和付出,能够成为学生们心目中的榜样,用自己的行动去影响和激励他们,让他们成为有思想、有担当的未来栋梁。同时,也希望通过自己的努力成为新教师的榜样,将这种榜样精神传承下去,为教育事业贡献自己的力量。最后,我衷心感谢陶老师对我的支持和指导,感谢在我迷茫困苦时帮助过我的每一位老师,当然更要感谢康城文化对我的熏陶和浸染,没有这些,我无法成为今天的自己。

我在"SS 课堂育人模式"下的实践与改变

赵纯淳

作业作为课堂学习的一种延伸,能起到巩固课堂所学、拓展课堂知识,甚至将课堂所学知识运用于生活之中的作用。如今"双减"政策全面实施,如何引导学生始终保持学习的兴趣,做到自主、自信、自强,是学校教育矢志不渝的目标。这就更要求教师对学生的作业要富有创新的设计,以此来培养学生自主学习的好习惯,最终达到自信自强。我校多年来都秉承着"SS 课堂育人模式"展开教学,在这样的校园文化的熏陶下,我的教育理念也因此受到启发和改变。就作业设计而言,作业作为课堂学习的延伸,同样需要以此为理念进行设计。因此我希望借助在我校"SS 课堂育人模式"影响下,我是如何设计创新作业这一案例,来谈一谈康城的校园文化对我的影响。

"SS 课堂育人模式"理念内涵包括:关系融洽、惜时高效、自主合作、自信自强。即在课堂关系融洽的前提之下,以惜时高效为核心,引导学生自主合作,从而形成自信自强的最终目标。将此理念延伸至作业设计中也是一样的,在师生、生生关系融洽的前提之下,设计出能够达到惜时高效的作业,部分作业可以通过自主合作的形式展开,调动学生自主学习的能力,最终形成良好的学习习惯,完成自信自强的目标。

一、借助分层教学,实现"关系融洽"

每个学生都是不同的个体,不同的个体之间必然存在着差异,无论是学习基础还是认知能力都可能存在差别。如果布置的作业要求全体学生毫无选择地完成,如此一刀切的作业往往会使有的学生"吃不了",视其为课业负担,丧失学习兴趣;使有的学生则"吃不饱",语文能力的发展受到遏制。如何让每个学生的作业都做得有用,那就要在设计作业时,从学生的实际出发,突出作业的层次性。在我的教学中,我探索了两个方面的分层:一是难度系数的分层,二是作业数量的分层。

1. 难度系数的分层

在难度系数的分层上,我主要把作业按照难度系数分为三个等级,以满足不同基础学生的学习需求,让每个学生都能有所发展。

2. 作业数量的分层

作业数量的分层,同样划分了三个等级,A类作业最少,C类最多,划分主要运用在周末作业上。这种作业的分层办法可以调动全班同学的积极性与参与度。

二、尊重学习兴趣,实现"关系融洽"

学生对于学习的热情是学习的关键,否则再多的减负、再少的作业,没有对学习的兴趣,学生照样会放弃学习。所以设计有趣、创新的作业,让学生在快乐中学习,营造和谐的学习氛围,融洽的师生、生生关系显得尤为重要。设计有趣创新类作业的主要意图,在于让学生体验到学能够有所用,寻找到学习的乐趣,在轻松快乐的学习氛围中感受到知识的力量,在实现"关系融洽"的基础上引导学生积极学习。比如下面这个设计制作新闻报的作业案例:

1. 准备阶段

作业设计通过小组的形式展开,小组是按照学生能力提前分配好的,每组约由6—7人组成,每组成员的能力也尽量分配得比较均匀,能力强的同学作为组内组长起到带头作用,带动能力较弱的同学积极参与活动。

2. 实施阶段

在实施阶段时,小组成员各司其职,从采访到摄像再到完成新闻稿,最终排版制作出精美的新闻报,各个步骤完成得井然有序,每位同学都能积极参与其中,体会到了集体协作的乐趣。

3. 展示阶段

最后的展示阶段,通过一节课的时间,让各组展示活动成果,并在班级内交流此次活动的收获。

4. 小结

这次的作业设计让我发现,这样有趣的作业明显比普通作业更受到广大学生的青睐,平时对作业提不起兴趣的学生,在这次活动中的参与度也很高。这个设计选取他们自己亲身经历的活动设计新闻稿,可以调动他们的积极性,在实践中潜移默化地领悟、巩固了知识点,以小组形式学习,引导学生在活动中相互帮助、相互学习,让每个学生的才能都得到充分的发挥。

三、总结

在"SS课堂育人模式"的影响之下,我慢慢地改变着我的教育理念,在作业设计中做到"SS课堂育人模式"中的十六字。以"关系融洽"为根本,结合"惜时高效""自主合作"的理念完成作业的设计,勇于创新,设计出具有趣味性、开放性、实践性的作业。当然不仅局限于作业的设计,我在日常的教学中牢牢谨记这十六字,使学生在快乐中学习、在实践中学习、在生活中学习,拓宽视野、丰富知识、培养兴趣、发展能力,形成"自信自强"的个体。学生在不断提升,我的教育理念也在不断完善,我们都在"SS课堂育人模式下"成为更好的自己!

育人先育己

龚雯琪

初为人师，我经历了从兴奋、紧张、焦虑到逐渐平和的心路历程。2023 年是我入职的第一年，在这一年的见习期中，我渐渐学会了在繁忙的工作中有条不紊地展开教学，在三尺讲台上越站越稳。而这些都得益于康城学校基地培训和我校对青年教师的培养制度。我校十分重视对青年教师的培养，因此让我们能更快速地适应新环境，更快速地成长。

一、依托基地带教，快速适应新环境

每一个青年教师的成长都离不开老教师的帮助、鼓励和指导。尤其对刚入职不久的我来说，上公开课无疑是个极大的挑战。记得前不久的带教课，是我的第一堂公开课，刚开始准备时，做什么事情都手忙脚乱的，没有头绪。我的带教老师鼓励我"慢慢来，经验都是慢慢积累的"。她还不厌其烦地一次又一次帮我改教案、改课堂活动，甚至每一句课堂用语，在她诲人不倦的教导下，我端正心态，渐渐地融入了教学环境当中。在这过程中，身边的同事们也给了我许多帮助。在这个环境中，我深深体会到了团结的力量，有了团队的互相协调和大家的齐心协力，才能取得更好的结果。

学校的教研活动推动着青年教师快速成长。我从中更加深刻明白语文这一学科所具备的工具性和人文性，收获了许多语文教学的经验。我不断向优秀的教师学习，努力扎实基础，尽快提升自己的教育教学水平。每周的见习培训，我学习了教师的基本职业要求、教师课堂教学活动，以及班级管理活动等。见习是教学生涯的开始，是成长为合格教师的必经之路，亦是检验每位教师教学技能的必修课。

新的教学媒体不断出现，这就要求教师在不脱离课本的情况下学习新的教学手段,丰富自己的课堂内容,创新教学形式,改进教学方法,努力建设开放而有活力的课堂。由此可见,作为一名教师,应具备双重身份,既是教师,又是学生,教师为"育人"而学习。

"育人先育己,立人者先立己。"正所谓百年大计,教育为本。作为教师,要想做好教书育人的工作,培养全面发展的人才,自己首先要做到立德树人,提高自己的思想道德水平,用自己的一言一行影响班级学生养成良好的品德,帮助学生扣好人生的第一粒扣子。在注重传授知识的同时,也要重视学生品格的塑造,教师要以身作则,用自己的言行影响学生。我会引导学生树立正确的价值观、人生观和世界观,培养他们成为有理想、有道德、有文化、有纪律的人才。

二、自主反思,学习成长

对刚从学校步入社会的我来说,教学和社会处事经验基本为零,不免有些茫然失措。然而,适应教学工作并融入角色是十分重要的。首先,要与同事建立良好的合作关系,当我遇到困难时,同事们会不吝赐教,及时为我答疑解惑。其次,要倾听学生的声音,了解他们的兴趣或学习的困惑。教师除了扮演"传道授业解惑者"的角色,还可以是学生的朋友,要尊重关爱每一位学生。尤其是后进生,更应帮助他们树立学习的自信心,激发对学习的兴趣。再次,是要与家长建立良好的合作关系,主动与家长沟通,了解他们对于教育的期望和关注点;定期进行家访,促进家校合作,共同关心和支持学生的成长。最后,最重要的是保持积极乐观的心态,在挑战中学习和成长。积极的心态和乐观的态度能帮助我更好地适应新角色,融入教学工作。

路漫漫其修远兮,吾将上下而求索。教育是一条很长很长的路,我们也许会经历风光无限,也许会经历风雨满肩,这都是师者的常态。在这条悠长的教育之路上,一个教师最好的状态就是不断地向下扎根,持续地向上生长。

上下求索，共同成长

唐思越

我是康城学校的一名小学自然教师，自 2022 年加入这个充满活力的教育团队以来，我一直致力于将科学探索的种子播撒在孩子们的心田里。目前，我负责一、二、三年级的自然课程。在康城，我不仅是一名传授知识的教师，更是孩子们科学探索路上的伙伴。

凭借着自己的摸索，以及我所在的聘任学校和基地学校各位教师的帮助，我度过了工作的第一年。本次培训过程中，不管是基地学校的教师，还是聘任学校的教师，都以身作则，乐于帮助我这个"菜鸟"教师，让我对自己所从事的职业有了一个全面的认识，也明白了作为一名人民教师，不但要从专业素养上对自己高标准严要求，更要从细节入手，了解每一个学生，尊重每一个学生，让每一个学生都能有所学、有所成。路漫漫其修远兮，吾将上下而求索。

在康城学校的见习期间，我有幸遇到了我的学科导师——科学教师马老师。马老师以其对科学的热爱和对学生的关怀，成为我职业生涯中的指路明灯。她总是鼓励我们青年教师要将科学教育与学生的日常生活紧密结合，把科学知识变得生动有趣。在马老师的引领下，我开始尝试将生活中的科学现象融入课堂，让学生在观察和实验中发现科学的奥秘。

随着时间的推移，我逐渐被康城的校园文化所吸引。这里的文化强调的是师生共同成长，鼓励创新和实践。我开始主动参与学校的教研活动，与同事们分享我的教学理念和方法，共同探讨如何更好地激发学生的兴趣。在这个过程中，我不仅完全融入了康城的大家庭，还找到了适合自己的教育风格。

我意识到，要成为一名优秀的自然教师，不仅要有扎实的专业知识，还要有与学生建立良好关系的能力。我开始更加注重与学生的互动，通过小组讨论、角色扮演等形式，让学生在轻松愉快的氛围中学习自然。科学课程要培养的学生核心素养,主要指学生在学习科学课程的过程中,逐步形成适应个人终身发展所需要的正确价值观念、必备品格和关键能力,是科学课程育人价值的集中体现,包括科学观念、科学思维、探究实践、态度责任等方面。学生是课堂的主人,对于基础内容,要设置问题激发学生进行积极探索,主动思考得出结论。针对教学难点,可以做出部分提示,组织学生自己动手实验、观察,并进行展示和交流。要增强学生在学习和发展过程中的主体地位,激发学生的主动意识和进取精神。可以在课前出示探究评价要求,作为评价依据,来辅佐整堂课的探究,使学生探究有序,并紧紧围绕探究问题。在课堂最后,让学生对本节课的探究过程进行评价,既是自我总结,也有对未来的激励作用。可以把课堂看作是一个生态瓶,教师是知识的生产者,也可以是知识的消费者,学生是知识的消费者,也可以是知识的分解者,而学生最终通过知识探究也能成为知识的生产者,只有师生互动,教师引导得当,学生勇于探索,生态瓶才会更加和谐。

在康城,我学会了如何将个人的成长与学校的发展紧密结合。我积极参与学校的各项活动,如鼓励学生展示自己的科学项目,激发他们的创造力。通过这些努力,我不仅促进了学生的全面发展,也为学校的科学教育贡献了自己的力量。

在康城学校,我经历了从一名新手教师到成熟教育者的转变。我学会了如何将个人的成长融入教育工作中,与学生和同事们共同成长。我参与了学校的教学改革项目,通过实践和反思,不断提升自己的教学技能。我还利用业余时间进行自我充电,学习新的教育理念和技术,以保持教学的前沿性。

在康城学校,我找到了属于自己的教育舞台。在这里,我见证了自己的成长,也见证了孩子们在科学探索中的喜悦和收获。我将继续秉承康城的校园文化,不断探索和实践,为培养更多具有科学精神和创新能力的下一代贡献自己的力量。我相信,通过我们的共同努力,康城学校将成为让每一个学生都能出彩的理想之地。

先育己后育人

——我的榜样教师点亮教育之路

赵丽迪

自 2019 年 9 月加入康城学校以来,我已然在这里历练了整整五个春秋。自该校成立以来的 16 年里,投身于教育前沿的教师们坚守岗位,无论遭遇何种挑战,始终坚持"凝聚力量,共同提升"的教育信念。他们培育了一代又一代具备独特才能和潜质的学生,他们在此大放异彩,展现出卓越的才能和无畏的勇气。而我为能在该校工作感到荣幸,多年来的工作学习也让我获益匪浅。

秉持坚定的教育信念,我深信每个学生都蕴含着未被充分发掘的潜能。我的目标是激发他们的学习热情和主动性,以促进他们的个人成长。怀揣青年教育者的炽热热情,我不断致力于增强专业素养,目标是在教育领域中追求更为显著的业绩提升。我致力于系统性地定期研读本学科的核心文献,以实现个人学术素养的持续提升,这与学校所推崇的"育人先育己"的人本主义教育理念相契合。通过这样的学习,我得以深化理论理解,增强对政策的解读能力,并不断提升自我精神层面的境界。我始终坚守学术诚信,积极参与并全力投入学校的各项活动,高效且高质量地担负起学校赋予的各项职责,充分体现了严谨的纪律性和出色的执行力。我投身于各年级美术教学中,凭借我的进取和谦逊态度,赢得了同事们的支持与赞赏。我始终坚持以耐心和细致的态度推动家校合作,积极反馈学生的发展进步,赢得了同事、家长们的认可和支持。我和大家共同努力着为孩子营造良好的成长环境。

一、依托基地,起航梦想

我所仰慕的楷模是我校较我更早投身教育行业的顾颖老师。自我踏入康城以来,她的悉心指导成了我提升教学质量的支柱。历经 4 年时间的磨砺,我深刻意识到,与她的差距并非仅限于资历,而是她在成熟教学实践中的深度与广度,这使我察觉到美术学科教学远比我先前想象的更为复杂。此时的我仿佛仍处于专业成长黎明前最幽暗的阶段。

即便如此,顾老师依旧对我表现出认可与激励,她的鼓励无疑是我职业生涯初期的重要支柱,若非遇到资深教师的悉心引导,我与同行间的差距可能会越发显著。

在我困惑彷徨之际,她的教诲如同明灯,她告诉我:"我也曾经历过逐步成长的过程。错误应该被视作学习的宝贵阶梯,要鼓励自己勇敢探索,不必担心犯错带来的阻碍。"

这种典范的力量对我产生了深远的影响。我认识到只有深入发掘并细致研究多元化的教学方法,才能不断积累和扩展自己的智慧与知识。

顾老师教学任务重,每星期上近 20 节课,她有讲不完的内容、做不完的研修,但在她的心中,学生比什么都重要。

在她身边能学到很多。记得有一次,我们同时听完一节课,不自觉地评起课来,榜样评得全面、细致,听课笔记本记了好几页,教学重点、难点榜样心中有数。我内心十分感慨。每当我和榜样走在路边,她总是带着亲切的笑脸,看着这样的笑脸,我深刻体会到张爱玲说的话:"一手情,一手爱,一路鲜花正盛开。"愿榜样的人生之路总有鲜花与硕果相伴!

二、依托机制,独立探索

"学高为师,德高为范。"作为新时代的青年教师,面对日新月异的科技进步,持续扩充自身的修养显得尤为关键。学校对新教师的培养培训从来不是让我们做一只井底之蛙,而是不断地将卓越的专家请进来,不断把我们送出去,让我们不断地、持续地深化专业学习,将理论知识与实际教学活动紧密结合。

这几年中,我的工作内容丰富且充满了挑战。教学不仅需要细致入微的操作,也需要高度重视应用技巧。因此,我经常将美术视为一门需要深入研究的学科。除了在日常教学活动中仔细准备课程,我还积极参与区域和市级的教育研究活动。从前辈们的经验和专家的建议中汲取营养,据此总结出自己的见解。

终于，在青年教师的考核过程中，我教授的一年级课文《下雨了》得到了区进修学校教师的高度评价，这不仅是对我个人能力的认可，也是对我成长的一种激励。

当然，这些经验是远远不够的，我的学术视野应是无边无际的，我会投入更多时间研究课堂教学的方法和新的策略。在未来的日子里，我会和同事们持续保持这样的信念，不停地追求创新，并在历史的长流中记录下我们共同努力所取得的辉煌成果。愿在未来的16年里，我们能目睹一幅更加美丽壮观的康城画作！

图书在版编目(CIP)数据

办学办氛围　育人育方向：上海市康城学校 16 年的办学之道和教师成长之路 / 吴波主编；奚爱玲，倪樱姿，石秀云副主编. -- 上海 ：文汇出版社，2024. 10.

ISBN 978 - 7 - 5496 - 4354 - 7

Ⅰ. G639.285.1；G635.12

中国国家版本馆 CIP 数据核字第 2024H0W545 号

办学办氛围　育人育方向

——上海市康城学校 16 年的办学之道和教师成长之路

主　　编/ 吴　波

副 主 编/ 奚爱玲　倪樱姿　石秀云

责任编辑/ 张　涛　盛　纯

装帧设计/ 梁业礼

出 版 人/ 周伯军

出版发行/ 文匯出版社

上海市威海路 755 号　（邮政编码：200041）

经　　销/ 全国新华书店

排　　版/ 南京展望文化发展有限公司

印刷装订/ 上海新文印刷厂有限公司

版　　次/ 2024 年 10 月第 1 版

印　　次/ 2024 年 10 月第 1 次印刷

开　　本/ 720mm×1000mm　1/ 16

字　　数/ 250 千字

印　　张/ 15

ISBN 978 - 7 - 5496 - 4354 - 7

定　　价/ 68.00 元